상상 N2

독해

목차

>>> **PART 1** JLPT 파트별 소개 06
[단문 독해]
상위 30%를 위한 N2_실전 20 문항 07

>>> **PART 2** JLPT 파트별 소개 27
[중문 독해]
상위 30%를 위한 N2_실전 30 문항 28

>>> **PART 3** JLPT 파트별 소개 49
[종합 이해]
상위 30%를 위한 N2_실전 14 문항 50

>>> **PART 4** JLPT 파트별 소개 66
[장문 독해 : 주장 이해]
상위 30%를 위한 N2_실전 15 문항 70

>>> **PART 5** JLPT 파트별 소개 81
[정보 검색]
상위 30%를 위한 N2_실전 10 문항 82

>>> **해답 및 해설** 해답 93
해설 94

독해 Key Point

N2에서 독해는 총 5파트로 구성되어 있으며 21문제가 출제된다. N2 시험을 필자가 직접치러본 결과, 독해지문의 수준은 어렵지 않았지만, 문제의 수준은 지금까지의 공부방법으로는 도저히 감당하기 힘든 수준이었다. 이 말은 독해를 잘하기 위해서는 상당한 문장해석 능력뿐만 아니라, 문장에 대한 이해능력과 문제를 푸는 스킬이나 요령도 중요하다는 것이다. 구 시험에서는 어느 정도의 어휘능력과 문장해석능력이 있으면 적어도 90% 이상의 점수를 받을 수 있었는데, 바뀐 신 시험은 기존의 문제형식에서 완전히 탈피하고 있었다. 즉, 아무리 어휘력이 뛰어난 학습자라고해도, 문제를 푸는 능력이 부족하면 절대 고득점을 받을 수 없다는 것이다. 따라서 학습자들이 독해를 준비할 때는 반드시 왜 정답이 되는가, 다른 보기는 왜 오답인가를 정확히 알지 못하면 실전에서는 상당히 고전할 것이다. 따라서 N2를 준비하는 학습자들은 정답을 찾는 데만 만족하지 말고, 문제를 분석하고, 정답이 되는 이유를 충분히 알고 있어야만 실전에서도 고득점을 받을 수 있을 것이다.

구성과 특징

Part. 1
[단문 독해]

단문독해는 문장의 길이가 짧으므로, 문장을 해석하는 능력과 어휘력이 있으면 별다른 요령 없이도 정답을 쉽게 찾을 수 있을 것이다. 그러나, 의외로 상당한 요령이나 스킬을 구하는 것이 바로 단문독해라고도 할 수 있다. 정답이 되는 보기는, 필자의 생각이나 말하고자 하는 바를, 보기에서는, 본문과는 다른 어휘를 사용하지만 같은 의미의 문장으로 제시해 놓는다. 하지만 정답이 되는 보기의 문장은 아주 높은 수준의 어휘로 구성되어 있는 것이 아니므로, 차분히 보기를 해석하면 정답을 찾기가 어렵지는 않을 것이다. E메일이나 팩스 등의 문서의 내용은 전체의 내용을 40%정도만 이해하더라도 문제를 풀 수 있을 것이다.

Part. 2
[중문 독해]

중문 독해는 전체적인 문장의 흐름을 알아야만 풀리는 문제는 없다고 생각하면 된다. 단문독해는 전체적인 문장의 흐름을 파악해야 정답을 찾을 수 있는 파트이지만, 중문독해는 밑줄 선에 대한 문제와 단락별로 문제가 출제된다. 중문독해는 단문독해에 비해서 본문의 양은 많으나, 문장을 꼼꼼히 분석해야만 하는 수준은 아니다. 지금까지의 기출문제를 분석하면, 지문에 나와 있는 어떠한 특정한 어휘를 알아야만 풀 수 있는 문제는 한 문제도 없었다. 이 말은, 각 단락에 있는, 문장의 흐름에 대한 이해를 하고 있는지에 대한 문제가 출제된다는 것을 의미한다. 단문과 마찬가지로, 학습자 여러분의 개인적인 생각이나, 보기의 성급한 해석에 의해 오답을 선택하는 경우가 많으므로, 보기의 내용을 정확하게 해석하도록 하자. 정답은 분명히 보기에 나와 있고, 오답은 본문의 내용과는 전혀 관계없다는 것을 알아야 한다.

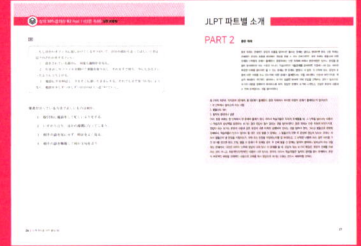

Part. 3
[종합 이해]

신 시험에서 새롭게 추가된 형태이다. 처음 이 파트의 문제를 접하는 학습자 입장에서는 문제자체가 생소하므로 상당히 까다롭게 느껴질 것이다. 따라서 이 파트의 문제형식이나 출제되는 문제유형, 그리고 문제를 푸는 요령을 정확하게 알지 못하면 문제를 푸는데 많은 시간이 걸릴 뿐만 아니라, 정답을 찾는 것도 수월하지 않을 것이다. 여기서 알아야 할 것은 A와 B는 어떤 주제에 대해서 전혀 다른 견해나, 완전 똑같은 견해를 나타내는 것은 아니고, 공통적인 부분과 다른 부분을 같이 언급하고 있다는 것이다. 따라서 A와 B의 각각의 본문을 읽으면서, 공통적으로 언급하고 있는 부분을 반드시 문장에 체크를 해 두고, 견해가 갈리는 부분도 체크를 해 두어야만 짧은 시간 안에 문제를 풀 수 있을 것이다

Part. 4
[종합 이해]
장문 독해는 다양한 분야에서 출제된다. 즉 필자의 주관에 바탕을 둔, 사설이나 논평, 비평 등과, 객관적인 사실(실험이나 연구, 사회적인 현상)을 전달하는 연구결과, 논문발표, 사회현상 등이다. 학습자 입장에서는 장문독해만큼 큰 부담을 가지는 파트도 없을 것이다. 그것은, 외국어로 구성된 긴 문장을 한국어로 해석해야 하고, 또 그것을 바탕으로 문제를 풀어야 하기 때문일 것이다. 특히, 집중력이 부족한 경우에는 방금 읽었던 문장도 무슨 내용인지 기억이 안 나는 경우도 많다. 또한 문제를 풀 때, 지레 짐작으로(대충 독해 문장을 해석하고) 문제를 풀기 때문에 거의 정답을 찾지 못하는 경우가 허다하다. 이러한 문제풀이 방식을 이겨내고, 어떤 식으로 문제를 풀어야 할지 정확하게 알아 두지 않으면 위와 같은 실수를 끊임없이 반복할 것이다.

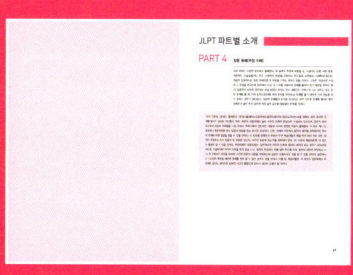

Part. 5
[정보 검색]

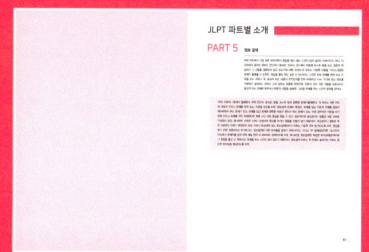

독해파트에서 가장 쉬운 파트이면서 정답을 찾는 데는 시간이 많이 걸리는 파트이기도 하다. 이 파트에서 말하는 정보는 전단지나 광고문, 안내서, 전시회나 박람회 포스트 등을 보고, 일본어 학습자가 그 내용을 정확하게 알고 있는가에 대한 것이다. 이 파트는 다양한 내용을 가지고, 다양한 문제가 출제될 수 있지만, 정답을 빨리 찾는 길은 단 하나이다. 그것은 바로 문제를 먼저 보고 지문을 보는 것이다. 즉, 묻고자 하는 내용이 무엇인지를 먼저 파악하고 나서, 거기에 맞는 정보를 지문에서 살펴보는 것이다. 소위 말하는 맞춤형 독해인데, 본문의 모든 지문 내용을 모르더라도 묻고자 하는 문제에 맞추어서 본문의 내용을 살피면, 그만큼 문제를 푸는 시간이 절약될 것이다.

JLPT 파트별 소개

PART 1   단문 독해

단문 독해는 문장의 길이가 짧으므로, 문장을 해석하는 능력과 어휘력이 있으면 별다른 요령 없이도 정답을 쉽게 찾을 수 있을 것이다. 그러나, 의외로 상당한 요령이나 스킬을 구하는 것이 바로 단문독해라고도 할 수 있다. 정답이 되는 보기는, 필자의 생각이나 말하고자 하는 바를, 보기에서는, 본문과는 다른 어휘를 사용하지만 같은 의미의 문장으로 제시해 놓는다. 하지만 정답이 되는 보기의 문장은 아주 높은 수준의 어휘로 구성되어 있는 것이 아니므로, 차분히 보기를 해석하면 정답을 찾기가 어렵지는 않을 것이다. E메일이나 팩스 등의 문서의 내용은 전체의 내용을 40%정도만 이해하더라도 문제를 풀 수 있을 것이다.

총 5개의 지문에, 각각 1문제씩, 총 5문제가 출제된다. 단문 독해는 본문의 길이가 짧기 때문에 본문의 해석만 정확히 되면 정답을 찾는 것은 어렵지 않을 것이다. 주로, 본문의 내용, 필자가 말하고자 하는 바에 대해서 묻는 문제가 많이 출제된다. 본문의 내용을 묻는 문제는, 단순히 본문의 내용만 이해한다고 해서 정답을 찾을 수 있는 것은 아니다. 필자가 서술한 내용이 무엇을 말하고자 하는지를 학습자들이 정확히 파악하지 못하면 정답을 찾기가 상당히 까다롭다. 이런 유형의 문제는 꼭 한 문제씩 출제가 되기 때문에, 학습자들은 본문의 해석능력과 필자가 말하고자 하는 바를 완벽하게 알아야 한다. 절대 학습자 개인의 생각이나 판단으로 문제를 풀어서는 안 된다는 것을 명심하자. 그리고 팩스나 E메일, 편지 문장같은 지문도 출제가 되는데, 주로 그 내용이나, 요점, 제목 등을 묻는 문제가 출제된다. 참고로, 정답이 되는 보기는 「본문에 있는 것과 같은 내용의 다른 어휘」로 구성되어 있다는 것을 명심해 두자.

問題１０　次の文章を読んで、後の問いに対する答えとして最もよいものを、１・２・３・４から一つ選びなさい。

1

　よく話題になるのが「チョコレート」と「ニキビ」との関係。ペンシルバニア大学の研究などでは、「チョコレートそのものがニキビの原因になるわけではない」という結果が出ているようです。ただし、チョコレートは高脂肪分食品なので、食べ過ぎれば当然皮脂腺から出る油分が多くなり、ニキビができやすくなってしまいます。大切なのは、チョコレートに限らず、「脂肪分の多い食品を食べ過ぎない」というごく基本的なことのようです。

「ニキビ」を防ぐためにはどうすればいいか。

　　1　チョコレートをたくさん食べる。
　　2　高脂肪分食品をたくさん食べる。
　　3　脂肪分の多い食品をなるべく避ける。
　　4　基本的な食品をたくさん食べる。

상위 30%를위한 N2 Part 1 (단문 독해) 실전 20문항

2

　私は特に被害の大きかった地域の近所に住んでいます。破滅した状態を見るのは耐えがたいし、何もかも失った人々には心が痛みます。同じく想像もつかないほど大きく被害を受けたところから受け取るギフトというのはすごいものです。バケツへのひとしずくかもしれないですが、しずくがたまるとバケツはいっぱいになるでしょう。いつかは分からないですが、私が寄付した百円のように。

バケツへのひとしずくとは何か。

1　少ないながらも役に立つもの

2　少ない量だから全然役に立たないもの

3　お金持ちが寄付した大金

4　政府からもらった寄付金

3

　　東京都福祉保健局のサイトでは、店の裏口や店内の様子、店員の服装、親切さ、接客のやり方からその店の衛生状態を確認するよう呼びかけています。お弁当や総菜など家に持ち帰って食べるものについても、衛生管理が行き届いている店で買うようにしましょう。加熱できるものは、十分加熱してから食べるようにします。調理や食事の前には、しっかり「手洗い」することも大切です。

東京都福祉保健局のサイトで、呼びかけているのはどれか。

1　店のものが加熱できるものかどうかをく調べてから利用しよう。

2　店の衛生のことについてよく調べてから利用しよう。

3　店の衛生状態を、サイトで調べてから利用しよう。

4　店のものを、家に持ち帰れるかどうかを調べてから利用しよう。

4

これは男も認めなくちゃいけないことだが、女性は自分から言い寄らない理由のひとつに、受身な男ではなく自信を持った男が好きだからというのがある。女から言い寄らないと文句をいう男性は、自分から言うのを恐れているだけだ。それに人気ある女性は常に言い寄られているので、彼女らは自分から言い寄る必要がない。

文章によると、男性の不満は何か。

1　女性にいくら好きだと言っても付き合ってくれない。

2　女性と付き合うとお金がかかりすぎて大変である。

3　女性から先に話しかけてくれないのはおかしい。

4　人気のある女性が多すぎて付き合うことができない。

5

　東京日本橋のデパート「白木屋」の火事で着物を着ていた女性が避難に困り、当時の若い女店員が１４も死んだ。男店員はみんな無事か軽い怪我で済んだのにどうして若い女店員が死んでしまったのか。
　それは高層建築からロープを伝わって脱出するとき、下腹部が露出するのを恥じて、逃げ遅れたためであると言われ、以降、（　　　）一般的な風習になった。

（　　　）に入る最も適当なものはどれか。

1　ズロース着用が

2　消防訓練が

3　すその乱れをなくすのが

4　ファッションに気をつけるのが

6

　私には、子どものときに先生に言われた言葉で、忘れられない言葉があります。ある日、授業中に私が何かの問題に正解したときのことです。発表して正解したのかそれともノートに書いたものが正解だったのか、どちらだか忘れてしまいました。とにかく、とても正解者が少ない中で私が正解したときのことです。なんと、先生はこう言ったのです。「〇〇のを見ただろ。お前にそんなことが分かるはずがない」。〇〇というのは、私の隣に座っていた子です。この言葉は、３５年以上たった今も、頭の中にはっきり残っています。

筆者が言っていることは何か。

1　子供のときの思い出は大事にしなければならない。

2　先生の言葉は子供が立派な大人になるためには必要だ。

3　子供のときのテストは、大人になってもとても役に立っている。

4　先生から誤解の言葉を聞いたことがいまだに忘れられない。

7

> 　小学生以上のお子さんをお持ちの方に質問です。お子さんとは一緒に寝ていますか？お風呂はまだ一緒に入っていますか？
> 　うちは小学一年生の息子が一人います。小学校入学にあたり、子ども部屋にベットを買いましたが、自分の部屋で一人で寝たのは、ベットがとどいて最初の一週間だけでした。ベットを買ったのは、息子が自分の部屋で寝たいと言い出したからですが…。最近はまた私のベットで一緒に寝ています。お風呂は、時々自分で入ってくれるようにはなりましたが…。
> 　周りの友だちは、一人で寝たりお風呂も自分で入ったりしている子が多いようなので、どうしたらいいのか悩んでいます。いいアドバイスをお願いします。

これを書いた人の悩みはなにか。

1　息子が自分の部屋で一人で寝ないこと

2　息子が何でも親と一緒にやりたがらないこと

3　息子が友だちと一緒に寝たりお風呂に入ったりすること

4　息子が寝る前にお風呂に入りたがらないこと

8

　南の海の無人島で一人で生活をした場合を考えてみましょう。そのとき、いろいろな苦労をしながら、何とか一人で生きられても、心の悩みや困ったことが起きた場合には、話す相手もいないから、自分一人で解決していかなければならないです。解決したとしても、それを話す相手がいないことを知って、寂しさを感じるでしょう。このように、人間は一人で生きられるものではないです。いいにしろ悪いにしろ人間はお互いに助け合いながら生きていくものなのです。

ここでいう「無人島」はどんなものか。

　　1　社会生活の寂しさを教えてくれるもの

　　2　人間が一人では生きられないことを表すもの

　　3　人間の存在は弱いものだと教えてくれるもの

　　4　問題の解決方法を教えてくれるもの

9

　　日本食の人気が世界中で広がり、欧米や中国などで寿司バーの数も増えました。回転寿司店などの増加と一緒にマグロの消費量が広大し、そのため世界各地の海で乱獲される傾向にあります。
　　日本人にとって絶対になくなってほしくない魚であるマグロですが、このまま捕獲が続くと、２０１２年までに地中海から消えてしまうとの警告を環境グループが出しています。

環境グループが心配しているのは何か。

1 マグロが多すぎるのでその量を減らすべきであること

2 日本人がマグロを食べ過ぎるのは健康によくないこと

3 このままマグロを捕ってしまうとまもなくなくなってしまうこと

4 日本各地の海にたくさんのマグロが集まってくること

10

男と女の間に置いてある壁は、世界のどこでも永遠のテーマと言えるほど高いものですが、日常する会話においても、いろいろと裏の意味(本音)を含んでいるのです。
そうとは知らず、男性が、女性が言う話の裏の意味を考えずにそのまま受け入れてしまうと、とんでもない誤解を招いてお互いの関係が難しくなってしまうものです。たとえば、彼女が「私たちには必要よね」と言ったらそれはおそらく、「私がしたいのよ」とか「私に必要なの」という意味でしょう。

この文章によると、男性は女性の話にどう対応すべきか。

1　女性が言う話をそのまま受け入れてもいい。

2　女性の本当の気持が分かるように努力する。

3　女性が何と言ってもすべてを信じないほうがいい。

4　女性が言うことが全部真実だと考えたほうがいい。

11

> シンプルに誰かを気に入ったら行動に移せ。気に入らなきゃ行動に移すな。何も言わずにそうするんだ。男がとか、女がこうしなくてはいけないという古臭くてバカバカしいルールに縛られて、チャンスを逃すのは時間の無駄だよ。男でも女でも誰かが好きなら伝えたらいいさ。伝えて最悪の結果となっても、それは伝える前とまったくいっしょなんだよ。

まったくいっしょとは、何を意味しているか。

1 自分に勇気がないことはいつもと同じである。

2 好きな人に断られても自分には何も変わりはない。

3 好きな気持ちがこれからも変わらない。

4 時間の無駄になることは当たり前である。

12

　アメリカの初代大統領のワシントンは、子どもの頃、父親が大切にしていたサクラの木を折ってしまいました。しかし、正直にそのことを言って、あやまったのでしかられませんでした。もちろん、場合によってうそをついてもいい時もありますが、うそはだいたい良いものとは言えないでしょう。子どもを持っている親たちも、いくら小さいことでも子どもにはうそをついてはいけないことをちゃんと教えてください。

この文章では、「うそ」はどんなものだと言っているか。

　　1　基本的にうそはよくないことだからついてはいけない。

　　2　偉い人になるためにはぜったいうそをついてはいけない。

　　3　いくら大統領でもうそをつくのは国民によくないだろう。

　　4　大人の前でうそをつくのはよくないが友だちにはいい。

13

　　今年の１１月の最初のころ、私は元気いっぱいでした。でも、そのあと無理をしたせいなのかかぜを引いて、なかなか治りませんでした。ものすごく高い熱が出たというわけではないのですが、熱がいつまでも続くという状態でした。休みをしっかり取って、一日でもぐっすり寝ていられればもっと早く治ったはずです。でも、なかなかそうはいきませんでした。どうしてもやらなければならない仕事で出かけて、そのときはいいのですが、帰ってくると疲れるということが何回かくりかえされました。

この人のかぜは今どうなのか。

　　1　薬を飲んで、少し熱はあるが、かぜは治った。

　　2　家でぐっすり寝たのでかぜが治った。

　　3　仕事を全然してないのでだんだんよくなっている。

　　4　たくさんの仕事でかぜが全然治らないでいる。

14

あるファストフード店に親子連れが入ってきました。親が注文コーナーにならぼうとしたとき、子どもが移動して物売り台のところに行きました。その台の上には、キャラクター商品が置いてあったからです。子どもは、初めは見ているだけでしたがすぐにさわり始めました。これはとてもよく見られる光景ですが、このときの親の反応はさまざまです。この時、親はどうすればいいのでしょうか。親は、その場の状況と子どものことを総合的に判断して、人に迷惑をかけないくらいでやらせたほうがいちばんいいと思います。

この文章では、親は子どもにどのようにしたほうがいいと言っているか。

1 子どもの将来のために、子どもの言うことを聞いてあげてはいけない。

2 人に迷惑をかけるかもしれないから子どもの言うことを聞いてあげたほうがいい。

3 今の状況と他人のことをよく考えてから行動したほうがいい。

4 子どもを公共の場に絶対連れていかないようにしたほうがいい。

15

> みなさんは、疑問に思われたことはありませんか？学校で習ったローマ字と、世間で見かけるローマ字の書き方が、かなり違っているのを。
>
> たとえば、学校では「シ」をローマ字で「si」と書くように習いましたが、駅名やパスポートの名前、スポーツ選手のユニフォームの背中の名前など、多くの場面で「shi」と書いてあります。いったいどっちが正しいのでしょうか？なぜ、書き方が２種類あるのでしょうか？

筆者が言いたいのはどれか。

1　日本語をローマ字で書くのはとても難しい。

2　日本語はやさしいがローマ字は種類が多いので難しい。

3　日本語をローマ字で変える時、正しい規則があってほしい。

4　学校で教えてくれるローマ字は全部間違っていて大変だ。

16

　　幼稚園に通っている子供がいます。もうすぐ初めての親子遠足があるのですが、お弁当をどうしようか悩んでおります。というのは、同じ幼稚園に通う子のお母さんが「うちはお弁当は親と別々にするよ。子供だって仲良しの友だちと食べたいだろうし」との事で…。私は頭からお弁当は子供といっしょに食べて、弁当箱も自分の分と子供の分が一度に入るものを持っていくつもりでいました。でも実際はどうなんでしょう？
子供にも仲良しの友だちがいるようですが…。幼稚園のお母さん、お弁当って子供と別々に食べましたか？子供といっしょのお弁当でいいでしょうか？

この人の悩みは何か。

1　遠足に行くとき、子どもの友だちの分の弁当も作ったほうがいいのか。

2　遠足に行くとき、親も子どもといっしょに行くほうがいいのか。

3　遠足に行くとき、子どもの弁当をどう作ればおいしくできるか。

4　遠足に行くとき、弁当を子どもの分といっしょにするか別々にするか。

17

> あなたはお酒を飲むと顔が赤くなりますか？
> 　もしあなたがお酒を飲んで顔が赤くなる場合は飲み過ぎないように。理由はお酒を飲んで顔が赤くなるということはアルコールの分解能力が生まれつき不足していると考えられるのです。ですので、お酒を大量に飲むと体に大いに負担がかかる可能性が高いのです。飲み会で友だちや上司にすすめられても、適当にことわったほうがいいでしょう。でも場合によっていっぱいぐらいはいいです。

お酒を飲むと、顔が赤くなる人はどうすればいいと言っているか。

1　どんなことがあってもお酒を絶対飲んではいけない。

2　いっぱいぐらいはいいが飲みすぎないようにする。

3　顔が赤くなることは病気だから病院に行ったほうがいい。

4　自分に合うお酒をえらんで飲んだほうがいい。

18

> 「酔っぱらっているときにはなぜか美人ではないはずの女性が美人に見える」というのはよく知られています。つまり、認識能力が大幅に低下するわけです。これは「ビール・ゴーグル効果」と呼ばれるもので、マンチェスター大学の研究チームがこのメカニズムを数式にしてしまいました。アルコール消費量、その場の空気の汚れ、相手の女性への照明の強さ、自分のその際の視力、そして女性との距離から算出可能になっています。

「マンチェスター大学の研究」の内容は何か。

1　アルコール消費量と酔っぱらったときの人々の行動についての研究

2　女性はどれくらいお酒を飲むと酔っぱらうかについての研究

3　酔っぱらった時の人を認識する能力を数字で表した研究

4　お酒を飲んで、酔っぱらうときまでの時間の流れについての研究

19

> 「ご協力ありがとうございました。では、ご安全に」
> 　こんな看板を見たことがありますが、日本語で不自然なのは、もちろん「ご安全に」です。これはあまり聞いたことがない表現です。「ご協力」に引っ張られてしまったのかもしれません。普通、この敬語表現は、漢語には「ご」がつき、和語には「お」が使われるというのがよくある説明ですが、実際は例外が多くて、十分ではありません。例外の部分は「慣用」であるとしか言いようがありません。
> （　　　　）。

（　　）の中に入る文章はどれか。

1　みなさん、「ご安全」という言葉をよく使うようにしましょう

2　残念ながら、一つ一つ覚えるしかありません

3　ではみなさん、今日もいっしょうけんめい勉強しましょう

4　すみませんが、正しい日本語はたくさんあります

상위 30%를위한 N2 Part 1 (단문 독해) 실전 20문항

20

> もし自分のオフィスに話しかけてくるヤツがいて、自分の前から去ってほしいときは、以下のどれかをするといい。
> 1 話をされている最中に、何度も腕時計を見る。
> 2 引き出しやファイルを開けて書類を取り出し、それを手で持ち、今にも出るといったふうに立ち上がる。
> 3 電話に手を伸ばし、手をそこに置いたままにする。それでもまだ気づかないようなら、電話を少しずつ少しずつ自分のほうへ近づけていく。

筆者が言っている方法で正しいものは何か。

1 取引先に電話をして忙しいふりをする。

2 いすから立ち、ほかの部署に行ってしまう。

3 相手の話を気にせず、時計をよく見る。

4 相手の話を無視して何か文句を言う。

JLPT 파트별 소개

PART 2   중문 독해

중문 독해는 전체적인 문장의 흐름을 알아야만 풀리는 문제는 없다고 생각하면 된다. 단문 독해는 전체적인 문장의 흐름을 파악해야 정답을 찾을 수 있는 파트이지만, 중문 독해는 밑줄 선에 대한 문제와 단락별로 문제가 출제된다. 중문독해는 단문 독해에 비해서 본문의 양은 많으나, 문장을 꼼꼼히 분석해야만 하는 수준은 아니다. 지금까지의 기출문제를 분석하면, 지문에 나와 있는 어떠한 특정한 어휘를 알아야만 풀 수 있는 문제는 한 문제도 없었다. 이 말은, 각 단락에 있는, 문장의 흐름에 대한 이해를 하고 있는지에 대한 문제가 출제된다는 것을 의미한다. 단문과 마찬가지로, 학습자 여러분의 개인적인 생각이나, 보기의 성급한 해석에 의해 오답을 선택하는 경우가 많으므로, 보기의 내용을 정확하게 해석하도록 하자. 정답은 분명히 보기에 나와 있고, 오답은 본문의 내용과는 전혀 관계없다는 것을 알아야 한다.

총 3개의 지문에, 각 지문에 3문제씩, 총 9문제가 출제된다. 중문 독해에서 어떠한 유형의 문제가 출제되는지 알아보자.
1. 각 단락에서 말하고자 하는 내용
2. 밑줄 선의 의미
3. 필자의 생각이나 결론

이다. 중문 독해는 한 단락에서 한 문제씩 출제가 된다. 따라서 학습자들은 각각의 문제를 풀 때, 그 단락을 넘어서는 내용이나 학습자의 상상력을 동원하는 보기는 절대 정답이 될 수 없다는 것을 알아야 한다. 중문 독해는 단문 독해와 마찬가지로, 정답이 되는 보기는 본문의 내용과 같은 문장이 다른 어휘로 설명되어 있다는 것을 알아야 한다. 그리고 밑줄 선과 관련된 문제에서, 학습자들이 반드시 알아야 할 것은, 모든 밑줄 선 문제는, 그 밑줄 선의 전후 두 문장에 정답이 있다는 것이다. 따라서 밑줄 선이 앞 문장을 지칭하는지, 뒤에 오는 문장을 지칭하는지를 잘 파악하고, 그 파악된 내용에 따라, 같은 의미를 가진 보기를 찾으면 된다. 만일, 밑줄 선 문제가 두 문제일 경우, 두 번째 밑줄 선 문제는 필자의 생각이나 말하고자 하는 것을 찾는 문제이다. 이것은 마지막 단락에 정답이 나와 있다. 이 문제를 풀 때, 오답이 되는 보기의 특징은, 본문의 전체를 지배하는 것이 아니고, 부분적인(단편적인) 내용이 나와 있다는 것이다. 따라서 학습자들은 필자의 생각을 묻는 문제에서, 본문의 부분적인 부분을 전체적인 내용으로 오해를 해서 정답으로 여기는 오류는 반드시 피해야 할 것이다.

상위 30%를 위한 N2 Part 2 (중문 독해) 실전 30문항

問題 11 次の文章を読んで、後の問いに対する答えとして最もよいものを、1・2・3・4から一つ選びなさい。

1~3

　近年、定価販売が基本だった清涼飲料水の自販機にも『安売り』の波が押し寄せています。複数の飲料メーカーの缶が並んでいる自販機や、一律１００円、８０円、プライスダウンなどと書かれた格安自販機などもちらほら見られます。どうしてこのような値段で販売できるのでしょうか。

　自販機業界は、今まで飲料メーカー、自販機製造メーカー、自販機を管理・運営する会社、設置場所を貸与するロケーションオーナーの大きく４業種に分類されていました。その中で、自販機管理会社などは、自販機が飲料メーカーから無償で貸与されるため、メーカーの希望小売価格、つまり定価で販売するのが通例でした。

　しかし、ロケーションオーナーや、管理会社が自販機を買い取ったり、独自に商品を仕入れたりして安売りを始めました。コンビニの在庫整理品や、デザインが古くなった商品、製造から日数が経った商品を安値で仕入れ、缶やペットボトルで『１００円』を実現。プライベートブランド商品も開発し、１缶『８０円』などの商品も登場したというわけです。

　そのほかにも、自作の自販機で販売している格安自販機オーナーや、中古の自販機を使って格安販売しているオーナーもいるようです。

　すべては、価格に厳しい消費者が多いことが理由でしょう。そして、この低価格志向は全国的な傾向としてまだまだ増えていきそうだということです。

1 見られますとあるが、それはどうしてか。

1 自販機の数が増えて、どこにでもあるから

2 自販機に安売りを目立たせる値段などが書いてあるから

3 安売りに取り組む自販機のオーナーが増えたから

4 飲料メーカーが競争に勝つために安売りを始めたから

2 今までの自販機業界の売り方とはどんなものか。

1 自販機オーナーや管理会社は高額で自販機を借りていたため、定価で販売するしかなかった。

2 飲料メーカーが定価販売の契約を条件に自販機を無料で貸し出してくれた。

3 自販機は飲料メーカーのものだったため、自由に値段が決められなかった。

4 自販機のオーナーは、メーカーから自販機も買い取るため、定価で売っていた。

3 筆者は安売り自販機についてどのように考えているか。

1 消費者は価格に厳しいので、今後もっと安い自販機が普及する。

2 今は一部の地域だけだが、全国に広がるだろう。

3 消費者の立場に立った自販機がもっと増えてほしい。

4 今までの通常料金が高すぎたため、今の料金で当然だ。

4~6

　アメリカの教育は家庭と学校のどちらでも、個性と自立心を強調する。非常に小さな子供でさえ、これらの特質を示そうとする。子供が歩けるようになる時期から、家庭のしつけは個性的で自立した個人になることに焦点が置かれるようである。学校は学業と社会生活の両方において、個性を非常に重要視する。
　若者についていえば、彼らは多くの方法を選んで、自分たちの自立を示す。髪型は長髪、短髪、その組み合わせといったように様々である。毛むくじゃらの髪に夢中になっている若者もいれば、スキンヘッドを自分のトレードマークにする者もいる。髪の染色も若者によく見られ、赤やオレンジ、黄色、緑、青、そして虹色ももはや珍しくはない。
　ファッションについてはどうだろうか。これも個性の表現である。ファッションは髪型よりずっとよく個性を表す。人は映画に登場する人々の服装の流行や髪型から、その映画がいつ製作されたのか容易に推測できる。
　しかしながら、人が自分の個性を示す最後の方法は、言葉のようだ。どの年齢においても、若い世代は新語とともに新しい話し方を作り出す。これらはその集団の外にいる人はほとんど理解できない「仲間」言葉になる。これらの言葉の中でその言語の一部に定着するものはほとんどないが、「cool（格好いい）」や「gran（おばあちゃん）」のように、いくつかは一般に使用されるようになった。

4　アメリカの教育の特徴の一つは何か。

1　家庭と学校での教育の方針が似ていてどちらも自立した個人になることを願っている。

2　個性と自立心を強調する一方で、子どもの時から社会生活の大事さを教えている。

3　学校は学業を、家庭は社会生活の方法を教えているため、両方がうまく調和している。

4　個性を非常に重要視するあまり、小さな子どもでさえ、人に迷惑をかけることに気をつけている。

5 本文によると、アメリカの若者はどうなのか。

1 最高のファッションはやっぱりヘアスタイルだと思っていて、いろんな努力をしている。

2 ヘアスタイルだけでなくファッションにも自分の個性を表すために努力をしている。

3 個性を表すために、昔の映画を見たり、最新の映画を見たりする。

4 誰が見ても個性があるように、友だちや雑誌からいろんなことを学んでいる。

6 筆者は「新語」についてどう述べているか。

1 若者の言葉だが、その中にいくつは便利なものもある。

2 若者の個性を表すもので、一般に多く使われている。

3 集団の外にいる人は意味が分からないものが多い。

4 言葉としては悪くないが、一般化するには無理がある。

7～9

　　誰も聖バレンタインがどんな人か、いつ生きていたか正確には知らないようだが、アメリカと日本のように互いに遠く離れた国々でもバレンタインデーが祝われている。
　　バレンタインという名前の人が、昔に実在したことは明らかなようだ。一番有名な話では彼は僧侶(注1)で、古代ローマで密かにキリスト教徒の男女の結婚式を執り行っていたようだ。また別の話では、彼は牢獄(注2)から「あなたのバレンタイン」とか「あなたを愛している」と手紙に記したとされている。しかしどの言い伝えでも、彼はキリスト教の信仰のために処刑されたことになっている。
　　バレンタインデーは愛のルベルカーリア祭と呼ばれる古代ローマの異教の祝祭日に取って代わった。新しいキリスト教会はその「異教的な」部分に反対だったが、それをキリスト教の祝祭日に変えることができると判断した。古代ローマの祭りでは未婚の若い男女の名前が箱に入れられ、未婚の青年たちがそれらを選びだした。そのカップルは1年間一緒にいるものとされた。バレンタインデーのカードはそれらの古代の恋人が交わし合った手紙から発達したと信じられている。
　　アメリカでは、子供たちはカードやハート型のキャンディーを交換してバレンタインデーを祝う。大人はその日を利用して、恋愛の気持ちを伝える。男性から女性へのよくある贈り物は花やチョコレートである。また2月14日は結婚日としてもっとも人気のある日の一つである。
　　聖バレンタインが誰であれ、彼の名前のついたこの日は暦の上のすてきな1日であり、何といっても愛情にささげられる日は他にはないだろう。

(注1) 僧侶：出家して仏道を修行する人
(注2) 牢獄：罪人を入れておく所

7 バレンタインという人物について正しいのはどれか。

1 バレンタインデーを初めて作った人で、キリスト教の信者である。

2 実在する人物のようだが、彼についてのいろんな話がある。

3 キリスト教の信仰のためにバレンタインデーに処刑された。

4 密かに男女の結婚式を執り行ったためローマで処刑された。

8 バレンタインデーのカードはどこから来ているか。

1 古代ローマで未婚の男女が異性を誘惑するため交わし合った手紙から

2 新しいキリスト教会に属する男女がお互いの恋愛の感情を交わし合った手紙から

3 古代ローマの祭りでバレンタインデーを祝うために男女が交わした手紙から

4 古代ローマの祭りで選ばれたカップルが互いに交わした手紙から

9 筆者はバレンタインデーについてどう思っているか。

1 愛の告白ができるすてきなこの日がほかにあるだろうか。

2 聖バレンタインに感謝の気持ちをもってこの日を祝ってほしい。

3 人間の愛情に充実するための日はもっとあっていいだろう。

4 素晴らしい一日でありながら聖バレンタインについて知っておくべきである。

10 ~ 12

英語には「旅は視野を広げる」ということわざがあるが、これは多様な体験が一人の人間の成長に役立つということを意味する。これはガイドのいる短期の外国旅行にもあてはまるが、異なる文化の中で生活し、仕事をする場合にはなおさらである。

ガイドのいる旅行では、旅行者は普通、自国の人々に囲まれ、自国の言葉を話している。これでは自国の文化を外国に持ち込んでいるようなものだ。それは外からその国を観察する体験を限られたものにしてしまう。それでも、見慣れない景色や音、におい、味覚は旅行者の体験を豊かにし、限定的な意味であれ、視野を広げてくれる。

しかし異なる社会や文化に入って、生活したり仕事をしたりする人は、その国のさまざまな服装やなじみのない食べ物はもとより、その国の住民の心的態度や考え方にまで日々さらされるのである。これらをすべて、旅行者は自分の中に持っている文化的態度によりろ過して吸収するのだ。

想像する以上に多くのものが文化的に決定されているのだと気付くまで、こういったことに当初、人は困惑している。「正」や「誤り」はその絶対的な意味を失い、「適合」や「不適合」に変わっていく。

同じ社会に暮らす人々は、ある程度、同じ価値観を共有する必要があり、そうしないと、社会は道徳的無秩序状態になり、人々の行いは墜落し、社会全体が脅かされるまでになってしまう。

自分の考え方や基本的な価値観が疑念にさらされるのは、不安なものだ。しかし、異国の環境で旅行者が何とかやっていくには、自分の持つ社会的価値観とそこで体験する社会的価値観を注意深く吟味し直すことが要求される。その結果、往々にして、より思慮深い個人の価値観の枠組みができあがり、これが、まさに、視野を広げることなのである。

10 ガイドのいる旅行では、旅行者はどうするのか。

1 他の旅行者と同じ言葉を話すように求められる。

2 自分のくせを直すように求められる。

3 自分の文化を地元の住民に紹介できる。

4 いつもとは違う何かを見たり体験したりすることができる。

11 異なる社会や文化に入って生活する人はどう変わるのか。

1 その国の人々と同じような考え方や生活習慣を持とうと努力するが、いつも失敗して困っている。

2 何が正しいか正しくないかで迷ったりもするが、すぐに良し悪しの絶対的な意味を道徳から習う。

3 ある期間まではその文化に慣れなくて苦労するが、いつの間にか判断の基準がもうけられる。

4 すぐにはできないが、そこに住んでいる人々と同じ価値観を共有しようと、いろんな努力をする。

12 他の国で何とかやっていくことのできる旅行者はどうなるか。

1 彼らが経験するその社会の価値観をすべて受け入れなければならない。

2 しばしば自分の持つ価値観を再考させられる。

3 普通、自分の持つ価値の枠組みを維持しようと決意させられる。

4 基本的な価値に対する彼らの考えを外国に広める。

13 ~ 15

　文化的生活では私たちはたくさんの異なる人間関係の中に置かれる。私たちは誰かから物を買い、誰かに売る。誰かと遊び、誰かと争う。友人としての面識であったり、親戚としてのそして部外者としての面識であったりする。これらの関係には、正式で、組織的で、明確なものもあれば、ゆるやかで、はっきりしない、自然発生的なものもある。表面的で、希薄なものもあれば、私たちの感情が深く関わるものもある。

　現代心理学の考えでは、これらの「関係性」を探求し、理解することの重要性が強調される。私たちの情緒的な成熟の基礎的な資質は、結局、出来事がいかにこのようなすべての人間関係を作り上げてきたかに大きくかかっているようだ。

　個人の成長にとって極めて重要であると思える人間関係が一つある。これは社会のためにもさらに重要な関係となる。何百万人もの子供たちが、そして何千万人もの大人たちが毎日、教師と生徒の関係の中に置かれている。そして私たちは相互の干渉や相互に与える影響についてまさに学び始めているところだ。

　夫や妻や親に結婚や家庭生活の専門家になることを期待しないのとまったく同じように、教師に臨床心理学者のように振る舞うことを私たちは期待しない。しかしながら私たちは彼らに教師と生徒の人間関係を最大限生かすように努める感受性の鋭い人間であることを期待する。この感受性が鋭いという資質がなければ、夫や妻が結婚生活でうまくいかないように、教師も教室でうまくいくはずがない。これは夫婦関係には感情面での親密さがあるように、教えることと学ぶことの関係には知的な親密さがあるからである。

13 ここで言う「関係性」とは何か。

1 正式であれ自然発生的なものであれ、人間はある種の人間関係の中で生活していること

2 現代社会で、なければならない人間関係をどうやって作っていこうかと工夫していること

3 自分に与えられたたくさんの人間関係をうまく構築していくために正式な組織に入ること

4 現代心理学に基づいた人間関係をどのように作り上げて行くかと工夫していること

14 私たちが教師に期待するのは何か。

1 教室でも家庭でも配偶者に対して繊細に接すること

2 生徒と良好な知的関係を作ることに最善をつくそうと努力すること

3 生徒を教えるときはいつも知的で繊細であること

4 教育や心理学の分野の専門家であること

15 この文章で言っていることと合っているものはどれか。

1 私たちの形式的な人間関係にしばしば私たちの感情が入る。

2 友だちとの人間関係が表面的であることはまれなことではない。

3 多くの種類の人間関係を持つことは普通のことである。

4 自発的な人間は時々周囲の人々と争う。

16～18

　　ニューヨークの人がヨーロッパでハイキングしていたとき、彼のスイス人の友だちが「あの音を聞いて！」とよく言ったが、彼には何も聞こえなかった。彼の耳は大きな騒音に慣れていたので、鳥の音を注意して聞けるまでに何日もかかった。私たちの多くにとって、しかしながら、静寂を体験することはまれになってしまった。レストランやバー、トイレ、エレベーター、そして電話を待ち受けているときにもBGMの音楽が流れている。時として、社会は私たちが好むと好まざるとに関わらず、私たちを楽しませようと決めてかかっているかのようである。

　　人々は静寂を切望していると言うかもしれないが、実際はそれを避けている。人々はカーラジオをつけて車を運転し、家に帰るとテレビのスイッチを入れ、運動中にヘッドフォーンで音楽を聴いている。騒音に対する渇望は精神的な問題を暗示している。私たちは店で物を買えても、人間的触れ合いを十分持てないので、自分たちの生活を音で満たしているのだ。

　　時には騒音を求める理由はわかりやすい。若者は自分の周りに個人的な環境を作り出すために大きな音でカーステレオをかける。動物のように、ライバルを警告して遠ざけ、異性を魅惑するために彼らは縄張りを作っているのだ。

　　まさに胃が食べ物を要求するように脳自体が興奮を求めていることもまた真実であろう。昔と違い、私たちは今や音を絶えず洪水のように提供できる現代技術を持っている。しかし本当にこんなことが必要なのだろうか。おそらく、もしバランスを取るために一定期間の沈黙を得ようとするならば、私たちはもっとよい暮らしができるだろう。

16 なぜ都市生活者にとって自然の音を聞くのが難しいのか。

1 彼らは周囲の大騒音を聴くのに耳が慣れているから

2 彼らは静寂の重要性を理解しているから

3 彼らはヨーロッパでハイキングするのを楽しまないから

4 彼らはいつも音楽が流れている社会で暮らすのを好まないから

17 私たちが周囲に喧騒を必要とすることは何を示唆しているのか。

1 私たちは音楽を無理やり聴かされている。

2 私たちは静かな生活にあこがれている。

3 私たちの生活に何かが欠けている。

4 私たちの生活は買い物をしなくても音で満たされている。

18 筆者は現代人に何を言っているのか。

1 周りの騒音を避けようとせずに、それに慣れていこうとするのも賢いやり方である。

2 たまには当分の間、何も言わずに生活しても音のバランスのためにはいいだろう。

3 自分の意志さえあれば現代の騒音から逃げることができるから、工夫すべきである。

4 騒音は人に悪いものだから、それを無くすためにいろんなことをやらなければならない。

19 ~ 21

　世界一大きい花といわれるスマトラ島原産の「ショクダイオオコンニャク」。小石川植物園で、実に１９年ぶりに開花しました。
　この花は、小さな花の集まりで大きなひとつの花のような姿を形成しています。その直径は１~1.5メートル。また、３~４年に一度しか咲かないことでも知られています。
　また、この花は、臭いでも有名です。植物園でこの臭いを嗅いだ人たちによると、「腐った生ゴミの臭い」だとか、「大根が腐ったような臭い」など表現は様々ですが異臭(注1)と言う部分では同じです。この花のある国インドネシアでは、「死体の花」と呼ばれています。つまり、この花が動物の肉が腐乱(注2)した状態の臭いと同じ臭いを放つことから命名されており、日本でも「死臭花」とも呼ばれています。
　私はこれを見に、わざわざ電車で１時間３０分かけて行って来ました。ところが、入場券を買うまでに並び、さらに見るまでに並ぶ大混雑。着いてから２時間、ようやく出会えた「ショクダイオオコンニャク」。半開きで臭いもそんなに強烈ではありませんでした。私の記憶には強烈な臭いは残せませんでしたが、おそらく、次の日あたりには臭いも強くなるのでしょう。

(注1) 異臭：変なにおい
(注2) 腐乱：腐って、形がくずれること

19　この花の説明で正しいものはどれか。

　1　なかなか咲かないが、咲いた時は独特の臭いで「死体の花」と呼ばれている。

　2　十数年に一度しか咲かない代わりに、小さな花がたくさん咲く。

　3　強烈な臭いを出すが、大きくて花びらも美しい。

　4　死体の臭いと同じなので、インドネシアでは死臭花と呼ばれている。

[20] この花を見るために筆者はどのようなことをしたか。

1　入場券を買うために2時間も待った。

2　入場券を買ってから見るまでに3時間半もかかった。

3　家を出てから花を見るまでに3時間半もかかった。

4　到着してから見るまでに2時間も並んだ。

[21] この花を見た筆者の印象はどうか。

1　思った通り、臭いも強烈で、花も大きかった。

2　思ったより臭いもなく、花も完全には咲いていなかった。

3　想像以上に大きかったが、臭いはあまりしなかった。

4　花の大きさも臭いも想像以上だった。

상위 30%를위한 N2 Part 2 (중문 독해) 실전 30문항

22～24

　日本では莫大な量の食べ物が毎日捨てられている。これはもったいないし、また環境にも悪い。この問題の解決を促進するため、無駄にする食べ物の量を減らすことが日本の食品会社に求められている。そうすることで、より環境に優しい社会を作ることの助けとなることができるのだ。個人もまた、食べ物を無駄にしないように気をつけるべきだ。

　昔は、食事の挨拶の「ごちそうさま」のあとに、茶わんにご飯の粒がついていると、食事を作ってくれた母親に「もったいない」と叱られたものだ。それは、日本も40年ぐらい前までは食料が豊富ではなかったからだ。ただ一粒のお米でも、農民たちの汗を考えると、無駄にはできなかったのだ。しかし、今のほとんどの若者は食べ物の量も種類も豊富にあり、食事を平気で残したり、古くなった食品はポンポンと気軽に捨ててしまう。

　現代では、まだ食べられる食品や食べ残し食品を含めて、日本全体で1年間に2189万トンもの食品廃棄物が出ている。国民1人あたりだと171キロにもなる。日本は、世界でもっとも食べ物を捨てている国だといわれているのだ。

　ある大手コンビニチェーンが2003年度に捨てた消費期限・賞味期限切れ(あるいは間近)の食品は約400億円分にもなるという話もある。他のコンビニやスーパーなどでも同じことが行われていたり、ファーストフードやファミリーレストランなどでも食べ残しがたくさん捨てられたりしていることを考えると、膨大な量の食べ物が、まだ食べられるのに捨てられていることになる。

22　食品企業はどのようにしてより環境にいい社会を作っているか。

1　ゴミの量を減らす努力を個人にも訴える。

2　環境に優しい食べ物をたくさん作る努力をする。

3　無駄に捨てられる食べ物を全然作らない。

4　捨てられる食べ残しを無くすことに努力をする。

23 文章によると、今の日本の状況について正しく説明しているのはどれか。

1 農民たちが苦労しているわりには収入が少なすぎる。

2 捨てられる食べ物が多くなって社会的な問題となっている。

3 食べ物の種類も量も豊かになったが、それをうまく活用しない。

4 古くなった食品の再利用のため、企業と個人が頑張っている。

24 日本の食品業界はどうしているのか。

1 賞味期限切れの食品を消費者に売っている。

2 食品の大手会社がゴミの量を減らす工夫をしている。

3 莫大な量の食べ物をゴミとして他国に売っている。

4 まだ食べても問題ない食品をゴミ扱いしている。

상위 30%를 위한 N2 Part 2 (중문 독해) 실전 30문항

25~27

　日本には、手でものを作るプロの職人がまだ大勢いる。伝統製品を作る技術を修得するのには何年もかかる。しかし今日、そのような技術の後継者がいない職人も何人かいる。そのため、彼らは自分たちの製品が永遠になくなってしまうのではないかと心配している。彼らの技術をこれからの世代に伝える方法を見つけることが重要である。

　ところで、職人が弟子入りしてもそこがゴールではなく、スタートである。弟子になってからが一番大事である。竹細工の場合は、毎日竹割りや竹曲げの連続のように地道な日々が待っている。この地道な作業が、技を鍛えてくれるのでこつこつとがんばってやるしかない。何十年のベテランも「まだまだ、勉強することがたくさんある」とよく言う。まさに一生修行の世界なのである。また、親方が未熟な弟子を抱える経済的な負担は、かなり厳しいものがある。国からもらう援助金は決められているし、それに実績のない職人は、販売にとっても苦労する。でも、よい製品を作ることで、お客様やお店に信頼されるようにがんばろう。

　それではここでもうちょっと考えてみよう。プロの職人をもっと増やすためにはどうすればいいのか。それは、政府や企業などがプロの職人やその弟子となる人々にもっと経済的な支援をすることである。また地域や国民もそれに積極的な興味を持って、守ろうとすると、日本の伝統製品はこれからもずっと続くだろう。

25 職人の中には自分たちの製品がなくなるのではないかと懸念している者がいるのはなぜか。

1　伝統製品に対してのイメージが暗いし、習ってもお金にならないから

2　伝統技術を習っても生活にまったく役に立たないと思っているから

3　お金のために伝統技術を習おうとする人々ばかりいるから

4　自分の技術を習おうとする人々が少なくなりつつあるから

26 職人から伝統技術を習おうとする人々には何が要求されるか。

1 伝統技術は基礎が一番大事だから、焦らずに徐々にやろうとする忍耐力

2 技術を習ってもすぐにはお金にならないから、ある程度の生活できる経済力

3 技術はすぐには修得できないから、がまんして一生懸命やろうとする精神力

4 伝統技術を習うというのは個人のためではなく、国家のためだという思考力

27 筆者が願っているのは何か。

1 伝統製品の種類をもっと増やして、だれが見ても日本が思い浮かべられるものを作ろう。

2 国や企業だけでなく、個人も伝統技術に関心を持ちながらそれを維持しようと努力しよう。

3 伝統技術に対する経済的な支援だけでは足りないから、世界にうったえてみよう。

4 プロの職人やその弟子が経済的な問題がないように、政府や国民はその製品を買おう。

28 ~ 30

　私たちのほとんどは、無人島での生活について非現実的なイメージを作り上げてきた。私たちは時には無人島を、太陽がいつもかがやく一種の楽園だと想像している。熟した果物が木から落ち、働く必要はまったくない。もう一方のイメージはまったく反対である。無人島での生活はひどいものである。飢え死にするか、来る当てもない船を待つかのどちらかである。たぶんこれらのイメージのいずれにもいくらかは真実があるだろうが、それを確かめる機会を持つ人はほとんどいない。

　最近、さんご礁の島で過ごした二人の男は、そこにもっといたがったと言った。彼らはかなり傷んだ船を修理するために、バージン諸島からマイアミまでその船に乗って航海していた。航海中、彼らの船は沈み始めた。彼らはすばやく食糧を小さな救命ゴムボートに積んで、さんご礁の小島に着くまでカリブ海を2～3マイルこいでいった。島には木がほとんどなく水もなかったが、このことは問題にならなかった。男たちは雨水を救命ゴムボートにためた。彼らは水中銃を持ってきたので、食べ物はたくさんとれた。彼らは大エビや魚をとり、「王様のような食事をした」と言った。通りがかりのタンカーが彼らを救助したとき、二人とも島を去らなければならないことを<u>本当に残念がった</u>。

28　本文によると、無人島について、一般の人はどう思っているか。

1　大人なら一回ぐらいは無人島についてあこがれている。

2　いろんな人が無人島を体験したのであまり興味がない。

3　無人島でいろんなこともできれば何もできないこともある。

4　今の生活に合わないものばかりだが、一度は行きたがっている。

[29] 二人の男は無人島でどんな生活をしたか。

1 島にあるものをうまく使いこなして、不便なく過ごした。

2 最初は不便だったがすぐに慣れて不便なく過ごした。

3 沈んだ船から日常品を持ってきたので不便なく過ごした。

4 すぐに救助されると思ったのでまったく心配せずに過ごした。

[30] 本当に残念がったとあるが、それはなぜだと思われるか。

1 社会に戻れば、今の生活を満喫しようにもできないから

2 無人島での生活でもあまり不便を感じないでいたから

3 さんご礁の美しさを二度と見られないと思ったから

4 人々の関心や興味にいやな気持ちがしたから

JLPT 파트별 소개

PART 3   종합 이해

신 시험에서 새롭게 추가된 형태이다. 처음 이 파트의 문제를 접하는 학습자 입장에서는 문제자체가 생소하므로 상당히 까다롭게 느껴질 것이다. 따라서 이 파트의 문제형식이나 출제되는 문제유형, 그리고 문제를 푸는 요령을 정확하게 알지 못하면 문제를 푸는데 많은 시간이 걸릴 뿐만 아니라, 정답을 찾는 것도 수월하지 않을 것이다. 여기서 알아야 할 것은 A와 B는 어떤 주제에 대해서 전혀 다른 견해나, 완전 똑같은 견해를 나타내는 것은 아니고, 공통적인 부분과 다른 부분을 같이 언급하고 있다는 것이다. 따라서 A와 B의 각각의 본문을 읽으면서, 공통적으로 언급하고 있는 부분을 반드시 문장에 체크를 해 두고, 견해가 갈리는 부분도 체크를 해 두어야만 짧은 시간 안에 문제를 풀 수 있을 것이다.

1개의 지문에, 2문제가 출제된다. 지문의 내용은, 어떤 사람이 불특정 다수에게 상담을 한다. 그 상담에 대해서 두 사람, 즉 A와 B가 답을 하는 것이다. 출제되는 문제는 그 형식이 정해져 있다. 첫 번째 문제는, 상담자에 관한 것인데, 이 문제는 회답자의 답변의 내용과는 관계가 없는 문제이므로, 상담자의 내용만 읽고 문제를 풀면 된다. 두 번째 문제는 A회답자와 B회답자의 내용을 비교하는 것이다. 이 문제를 풀때, 학습자들은 A회답자와 B회답자의 답변을 전부 읽고 문제를 풀면, 헷갈리기 쉽다. 왜냐하면, 두 회답자가 서술하는 내용을 읽으면서, 그 사람들이 답변하는 내용을 별도로 표시해 놓지 않으면 문제를 푸는데 많은 시간을 초래하기 때문이다. 따라서 두 번째 문제는 먼저, A회답자의 답변을 읽고 바로 문제를 풀도록 하자. 그렇게 하면, 별도의 필기를 하지 않아도, A회답자의 답변만으로 네 개의 보기 중에서 적어도 한 개 이상의 보기는 정답이 아니라는 것을 알 수 있기 때문이다. 따라서 A회답자의 답변을 읽고 나서 두 번째 문제를 풀자. 이 때 주의해야 하는 것은, 오답이 되는 것은 반드시 보기에 별도의 표시(예:×)를 하고, 애매한 것은 삼각형의 표시를 해 두도록 하자. 그렇게 해야, 나중에 B회답자의 답변을 읽고 정답을 찾을 때 수월하기 때문이다. 이 파트는 문제를 푸는 스킬만으로도 충분히 빠른 시간 안에 정답을 찾을 수 있다는 것을 명심하자.

상위 30%를위한 N2 Part 3 (종합 이해) 실전 14문항

問題12 次の文章は、「相談者」からの相談と、それに対するAとBからの回答である。三つの文章を読んで、後の問いに対する答えとして最もよいものを、1・2・3・4から一つ選びなさい。

1 ~ 2

相談者
　遠方に住んでいる友達から、よくメールで相談を受けます。ですが、返事を送った後の返事がありません。その後どうなったのか何もわからないまま。しばらくするとまた他の相談メールが送られてくることもよくあります。「どうなったのか教えてね」と言っても返事がありません。
　お礼を言われたいわけでもないのですが、とりあえず何か返事がほしいと思うのは恩着せがましいでしょうか？
補足
　先日、テレビの占いのようなもので何かしたことに対してお礼を言われないと気が済まない恩着せがましい性格と言われたので、他の人たちは、お礼を言われなくても気にしないのかと思ってしまいました。でも、相談したらお礼を言うのは当たり前でしょうね。

回答者：A
　こちらが真剣に考えてるのに、意外とその友人は相談のってもらった事が重要じゃないんですよ。でも返事が欲しいと言うあなたの気持ちもすごく分かります。「助かった、ありがとう」でいいんですよね。それが人の付き合い方だと思います。
　私は相談をしてアドバイスをいただいた時には必ず「勇気もらった」とか「頑張ります」とか相談してもらうと泣きそうになるぐらい、こちらも嬉しいです。だから、そういう気持ちのわからない友人には相談のメールが来ても返事を返さないで、相手もそれっきりならこっちも同じだよと割り切ったほうがいいでしょう。もし「どうなってるの！相談にのってくれないの？」って来たらあなたの気持ちを友だちに言った方がいいでしょう。

回答者：B

　私も似たような経験があります。それは相談されれば心配になるし、相談されてアドバイスしたのであれば、結果を知りたくなるというのは当たり前です。決して恩着せがましいとは思いません。むしろ、その遠距離の友だちも一方的に相談だけしてきて、そのフォローがないというのは、そういう相談事もそもそもその方自身の行動に起因するのではないでしょうか？

　気になるのなら相談も返さなくてもいいのではないでしょう。本当に心配しているんだよ、状況を教えてくれてもいいんじゃない？と伝えてもいいかもしれないですね。

1　相談者の悩みは何か。

1　ずっと前から友達からの便りがなくていつも心配している。

2　友達からの数多い相談のため、自分の仕事ができない。

3　相談しにくいことばかり聞いてみる友達がいやだ。

4　友達が無礼だと思うのは自分の性格のためだろうか。

2　回答者A、Bのアドバイスの中で正しいものはどれか。

1　AもBも相談者にそれくらいのことは我慢したほうがいいと述べている。

2　AもBも相談者は平凡なのに、友達のほうがおかしいと述べている。

3　Aは友達から返事がないのはおかしいと、Bはそんな友達とは会わないほうがいいと述べている。

4　Aは相談者のほうから謝ったほうが、Bは友達が謝るべきだと述べている。

3 ~ 4

相談者
育児のことでいつもいらいらしています。
　1歳の子供がまだ手がかかるため、いつもいらいらしてしまいます。上2人の子はちょっとしたことにもきつく怒ってしまったり、まだ1歳の赤ちゃんに対しても怒鳴ってしまったりします。夜、子供が寝てから『何であんなに怒ってしまったんだろう』と毎日思うのですが、どうしても繰り返してしまいます。
　主人は仕事のため、週に1日しか家にいません。来月からは、一番下の子も保育所に入りますが、仕事に復帰するためうまく両立できるか不安です。もともとは働くことが好きで1番目のときと2番目のときは産後すぐに仕事復帰しました。今回だけは保育所に入れず、やむを得ず1年間育休をとりましたが、完全に怠け癖がついてしまい、前みたいに働くことに意欲がわきません。
　本当は優しい母親でいたいのに、今の私は本当に母親失格だなと思います。どうすればいらいらせず、楽しく育児ができるんでしょうか。

回答者：A
　大変だと思います。しかし、働く絶対的必要性があるのですか？なんだか、上の子たちが不安定になりつつある気がしますが、預けて働くとますますよくないような気がしました。旦那さまもあまりいらっしゃらないようだし、ママまでいなくなり他人に育ててもらうのって、あまりにもリスクが大きいような気がしてしまいました。
　べったり毎日もママも大変だとは思いますが…。向き合う時間は足りていますか？怒ったあとには謝ってますか？ママ、イライラしちゃうんだ…ごめんね…とか…。
　上の子たちにすれば、また赤ちゃんが産まれたのは自分たちの責任ではないんだし、理不尽なような気がするでしょう。気分を害されたらごめんなさい。

回答者：B

　4歳の男の子と1歳の女の子がいます。私も来月から職場復帰です。

　母親としてダメだなあと思いながら、毎日のんびりな4歳の子にイライラ、べたべたな1歳の子にため息ばかりついてます。きっと、24時間母親業に向いてないんだと思います。

　上の子の職場復帰の時も、子育てを半分保育園に手伝ってもらって、少し子どもと離れると、その分お迎えの時に子どもをぎゅっとしてあげられるし、経済的なことでの心配も減るし、いいことも多かったです。もちろん、子どもたちに寂しい思いをさせますが、イライラする母親が24時間そばにいるより、短い時間でも大好きだよって言ってあげられる方がいいと思います。

　4歳の子に「4月からはお母さんは仕事だから、8時までにごはんを食べようね。お母さんも6時に起きるようにがんばるね」とカレンダーに今月の目標を書きました。一人だとなかなかやる気も起きませんが、子どもを巻き込んでがんばっています。

　9歳のお姉ちゃんはきっと応援してくれますよ。たぶん4歳の男の子も「ぼくもがんばらなきゃ」ってしっかりしてくれますよ。

3　相談者の悩みは何か。

1　育児と職場に戻りたい気が湧かないのをどうしたらよいか。

2　子育てを全然手伝ってくれない主人をどうしたらよいか。

3　仕事と育児を両立するためにはどうしたらよいか。

4　小さい子供に何をさせたらいいか分からない。

4　回答者A、Bのアドバイスの中で正しいものはどれか。

1　Aは仕事より育児に専念した方がいいことを、Bは相談者がしっかりしていると両立できると述べている。

2　Aは仕事と育児を両立することの難しさについて、Bは自分の経験から出たアドバイスを述べている。

3　Aは子育ての大事さについて、Bは子供はいつも無理を言うから無視した方がいいと述べている。

4　Aは相談者の育児の問題点について、Bは子供の気持ちを理解しながら仕事をした方がいいと述べている。

5 ~ 6

相談者
　23歳の女性です。今は何もしていないんですが、前は2ヶ月ではありますが図書館で事務補助の仕事をしていました。そこで次の仕事も事務を希望しています。外に出て営業をしたり店内で接客をしたりする仕事はあんまり向いていません。それで、前の仕事を辞めてから今まで大学の事務（パート）に書類を送り続けているのですが不採用続きです。面接でさえ受けられていません。履歴書の書き方が駄目だったかなとも思いましたが、周りの人に聞いてみたらそうでもないようです。
　大学の事務（パート）の仕事はどんな人を求めているのでしょうか。友達や知人の中にはそういう仕事をしている人が誰もいないので聞いてみることもできません。やはり民間でバリバリ働いていた方が採用されるのでしょうか。私はどうしても働きたい大学があります。そこに受かるためにはどのような努力をすればいいでしょうか。助言を頂けるとありがたいです。

回答者：A
　こんにちは。
　以前に大学職員として働いた経験がある者です。大局的な話をしてしまうと今大学が求めているのは「何をしたくて大学で働きたいのか？」がしっかり説明できるような自発性を持った人です。例えば、研究協力の部署で教官の研究費に関わる仕事に取り組みたくて支援したとか、国際交流の部署で政府が掲げている「留学生30万人計画」達成に向けて頑張っていきたいなどなど…。
　はっきり言ってしまうと少子高齢化を迎え、正直大学も崖っぷちに追い込まれているのが現状であり、きちんと目的を持って「私が大学をこうしたい」と思える人をパートでも求めています。
　是非大学にチャレンジするのであれば、狙っている大学がどのような方針で動いているか探って下さい。そして微力であってもご質問者様なりに力になりたい部分を積極的にアピールして下さい。そんな人材を今の大学は求めています。頑張って下さい！

상위 30%를 위한 N2 Part 3 (종합 이해) 실전 14문항

回答者：B

　大学の事務でどんな人材を求めているかは、各大学次第です。もちろんそれなりに仕事が出来る人を求める場合もあるでしょうが、職場内で協調性を持ちつつも、そつなく仕事をこなす人が求められる状況が多いと推測します。どちらかと言うとバリバリよりも、保守的とも思える職場として、出すぎず逆らわずのいわゆる、イエスマンに近い人材が欲しいと見ることも出来るわけです。

　真面目だったり、素直などがバリバリより重視されるのが保守的な多くの職場の人材の在り方と思える部分です。当然、真面目や素直なことは急ごしらえで整えるものでないので、日頃からの生活からもたらされた人間性の部分になるわけです。

　ところで、募集自体は公募なのでしょうが、採用者が予め決まっているような、場合も多いと、母校を見る限りや聞く限りでも感じます。

5　相談者について正しいのはどれか。

1　図書館で事務の仕事をしながら転職をしようとしている。

2　大学などで仕事がしたいがどうすればいいか分からないようだ。

3　図書館で国際交流や書類整理などの仕事をしたがる。

4　大学で働いている友達や知人は何も役に立たないようだ。

6 回答者A、Bのアドバイスの中で正しいものはどれか。

1 Aは自分の経験から出たアドバイスをしているが、Bは今の自分をもっと磨いてから就職した方がいいと述べている。

2 Aは大学での仕事の辛さについて、Bは今の大学で求めている人材とそれに備える方法について述べている。

3 AもBも相談者の問題点とこれからどうすれば大学で仕事が出来るかについて述べている。

4 Aは大学で面接を受けるときのやり方を、Bは大学で求めている人材について述べている。

상위 30%를 위한 N2 Part 3 (종합 이해) 실전 14문항

7 ~ 8

相談者
　昨日、買い物に行ったら、子供の紙オムツが安かったので３パック買いました。他にもいろいろ買いました。帰ってレシートを見ると、安いと思って買ったはずのオムツが安くない…店頭表示価格より２百円もアップしていました。３つ買ったので、合計６百円です。電話でお店に確認すると、先週までの特売の表示をはがし忘れたとのことでした。今回、特別に店頭表示価格にしていただけるようで、次回、レシートを持っていくと６百円返金してくれるそうです。
　主人にそのことを話すと、そんなことをわざわざ電話で言うのはクレーマーだといわれてしまいました。レジで確認しなかった私も悪いかもしれませんが、私にとって６百円は大きいです。私ってクレーマーでしょうか。こんなことはあまりしないほうがいいのでしょうか。いくら考えても主人の話は納得できませんし、それに私がクレーマーとも思いません。みなさん！どう思いますか。

回答者：A
　こんにちは。
　私はサービス業に従事しています。あなたのような意見・問い合わせについては、「私どもの間違いをご指摘いただき、ありがとうございます。また、ご迷惑をおかけして大変もうしわけございません。ご都合のよろしい時間に、ご訪問させていただき、謝罪と返金をさせていただきます」という対応になるのが正しいと思います。店の間違いを指摘することは、クレーマーではありません。クレーマーというのは、ミスをネタに脅したりタカリ行為を行うことです。
　今回は絶対的に店の方が悪かったので、店に行って返金してもらう上で、謝罪してほしいとおっしゃってください。もし、店の方が断ったら区役所とかに連絡すれば営業停止などの罰を受けます。もちろん、そこまではいかないと思いますが、とにかくあなたはクレーマーではありません。

回答者：B
　買い物をして、勘定が終わったらすぐその場できちんと価格を確認することは必要ですよね。私はそう思います。きっと他にも同じような苦情があったのではないでしょうか。レシートを確認するのは主婦の基本ではないでしょうか。家計を預かる主婦にとってたとえ２百円の差でも、安い方がいいでしょう。ご主人だってランチで６百円上乗せして食べられたら嬉しいでしょうに…。私も、こういうことが起きたらあなたと同じように絶対電話すると思いますよ。でも、いつもレシートを確認するのを忘れないでください。でも、あなたはクレーマーなんかではありません。ただ、納得いかないことを確認しただけです。

[7] 相談者の不満は何か。

1　店へレシートを持って行ったのに、主人は言い訳しながら返金をしてくれない。

2　レシートを確認しなかった自分のミスもあるが、店の対応もまったく納得いかない。

3　賞味期限が切れた商品を売ったり、返金をしてくれなかったりする店の態度

4　品物の価格はやすいが、いつもお客さんの悪口ばかり言う店の主人

[8] 回答者A、Bのアドバイスの中で正しいものはどれか。

1　Aは店が営業停止になるように訴えることと、Bは主婦としての相談者の間違いを述べている。

2　Aは相談者と同じような経験をした立場の上で、Bは相談者が典型的なクレーマーであると述べている。

3　Aはすぐに自治体に連絡したほうがいいと、Bは店も相談者も悪いと述べている。

4　Aは消費者としての権利をはっきりしたほうがいいと、Bは相談者はクレーマーではないが、ミスを起こしたことについて叱りながら述べている。

9 ～ 10

相談者
　ご近所のことで聞きたいのですが、両隣と少し離れている近所の人が監視をしています。私が気になるようで、とにかくなんでも聞いてくるし、監視をしています。この前は、「結構引きこもってるよね」と言われました。私のことをまた近所に言いふらすので困っています。子供も3歳と1歳なので、大変な時期なので泣き声や私の怒鳴る声も聞こえているかもしれません。だけど、それについてはいっさい聞いてみたりしません。もっぱら、私のことばかり聞いてみたりするのでとても困っています。この間、相手に「そんなこと言われたらいやですよ」と言ってみたら、「別にいいじゃないの？」とか言われました。相手はこっちの気分を全然考えないようなんです。
　監視をする人は暇だから人が気になるのですか、それともその人の性格ですか。私が監視されていることを考えたら何もできません。たまには家でゆっくりしたいのに、またベールを鳴らされて…。
　私を監視する人は、60代の人もいますし、若くて30歳です。どうしたらいいのでしょうか。

回答者：A
　我が家は、裏民家の年配夫婦に監視されてます。まあ、覗き見ですが我が家が気になるらしく毎日何度も裏へ来ては我が家を見渡してます。一応、ミラーカーテンで向こうから我が家を見えないのに諦めもせず見てます。私が出かけていないかの確認も車があるかないかも見に玄関前や横へ来てはチェックし自分の家に帰ってます。いろいろ近所に裏のおばさんが私らの事を皆に言いふらしてるようです。まあ、どこにも出かけない民家なので家に夫婦で引きこもってるし、近所付き合いをしてないので暇で仕方がないのだと思います。
　一種の楽しみの趣味（我が家の監視）だと思います。母の友だちも我が家へ遊びに来た時に裏民家が我が家を見渡してたので怖いと言ってるほどです。
　あなたの60代、30代の人も孤独で寂しいので気になって仕方がないのだと思いますよ。

상위 30%를 위한 N2 Part 3 (종합 이해) 실전 14문항

回答者：B

　我が家のご近所さんは専業主婦が多く幼児持ちで井戸端会議ばかりしています。今は寒いので活動休止中ですが、暖かくなると冬眠から覚めた親子が道路にたくさん湧いてきます。

　井戸端ボスとその取り巻きがおしゃべりの中心で、その他は相づちを打つだけで自分からはネタをふっている様子の無いオブザーバーのようなメンバーが数名います。専業主婦が６人くらい毎日のように群れて暗くなるまで道路で円陣を組んでいます。時には驚くような大きな笑い声や嬌声が聞こえたりします。

　いつも同じメンバーで群れ、道行く人をチェックしたり、嫌いな人の悪口を言ったり出所不明なうわさを流したり、とても教養のある大人には見えませんし、下品な顔つきになってますが本人たちは存外に楽しいのかもしれません。

　結局、他人を詮索するのは不安の表れであり自信と自立心の無さだと思います。性格的に問題あり、かつ暇だから、監視して嫌がらせをするのだと思います。

　人間として下劣でお気の毒、迷惑以外の何者でもないご近所さんにはウンザリしますね。お会いしたらあいさつしてさっさと退散してください。付き合う価値なしです。気にしない方が無難です。

9　そんなこと言われたらいやですよとは、だれがだれに言ったことか。

　1　監視をしている人が相談者に

　2　相談者が自分を監視している人に

　3　両隣に住んでいる人が相談者に

　4　相談者の子供が監視をしている人に

10 回答者A、Bのアドバイスの中で正しいものはどれか。

1 Aは監視されるのは嫌だから積極的に対処したほうがいいと、Bは監視している人々の心を理解すべきだと述べている。

2 Aは監視されるのを気にしないほうがいいと、Bは自分の経験を言いながら監視している人々に抗議したほうがいいと述べている。

3 Aは監視している人々の今の状態から見ると仕様がないと、Bは相談者を監視していても無視したほうがいいと述べている。

4 Aは監視している人々の精神状態を、Bは相談者の対処のやり方が悪いと述べている。

상위 30%를 위한 N2 Part 3 (종합 이해) 실전 14문항

11 ~ 12

A

　仲のよい友人同士が、ときに冗談で互いをけなし合うことがあります。変に気を遣う関係よりも、軽い悪口を言える間柄のほうが、より親密だと考える人も多いでしょう。自分が相手を本気で軽蔑しているわけではなく、相手もそれをわかってくれている、という強い信頼関係があってこそ、悪口も言い合えるのです。

　人付き合いの下手な人は、まず「仲のよい友人同士は、悪口も言い合えるものだ」というカタチから入ろうとして、失敗してしまいます。それほど親しくない友人に悪口を言ったり、度が過ぎた悪口を言ったりしてしまい、相手からはそれが冗談だと受け取られずに、「失礼な人だ」と敬遠されてしまうのです。長い時間をかけて友情を培ったという過程があってこそ、冗談も自然に出てくるのです。「悪口も言い合える関係」というのは、親しさから生まれた結果にすぎません。しかし、人とうまく付き合う自信のない人は、過程を省略して、いきなり結果を求めようとしてしまいます。

B

　人間関係が良好な人は、何かあった時に助けてくれたり、アドバイスをくれたりする人が必然的に多いため、結果として仕事がうまくいく傾向にあります。つまり好き嫌いを問わずに人間とうまく付き合ったほうが、仕事もうまくいき、当然ながら精神面でもプラスに働く効果が期待できるのです。また仕事にも人生にも、ポジティブな意識があるため、それにひかれて仲間が集まりやすくなります。人間関係が良好な人は、良好でない人よりもあらゆる面で恵まれるのです。しかし、だからといって好きを嫌いに変えるのは大変なものです。

　嫌いな人というのは、ある意味「自分自身の嫌なところを、反映している存在だ」という説があります。つまり嫌いな人には、自分自身が嫌で治したいと思っている性格や、人に知られたくない嫌な資質など、共通する負の部分を持っている人だと言えるのです。

11　AとBの文で共通している話題は何か。

1　友人関係で守るべきのこと

2　自分の性格の直し方

3　人間関係が悪い人の特徴

4　人付き合いの難しさ

12　「人付き合い」について、Aの筆者とBの筆者はどのような意見を述べているか。

1　AもBも「人間関係の大事さ」についての難しさを述べている。

2　AもBも「人間関係の大事さ」を自分の経験に基づいて述べている。

3　Aは「人付き合い」と「友情の関係」を、Bは「人間関係における信頼感」について述べている。

4　Aは「人付き合い」の過程の大事さを、Bは「良好な人間関係」の大事さを述べている。

상위 30%를 위한 N2 Part 3 (종합 이해) 실전 14문항

13 ~ 14

A

「知的財産権が保護されないと、文化的に伸びない」可能性があります。知的財産権ってのは、著作権がいい例ですけれども、要するに、「作った人に、その作品をどうこうできる権利があり、また、作ったものから発生する利益も、作者に入る」というものなわけです。これが守られないと、どうなるか？

「他人の作ったものをコピーするのはＯＫ」ってことになります。小説でも映画でも、あるいはゲームでも、実際に作った人は、大変な苦労をしています。小説などならまだしも、映画やゲームだと、「製作費」という支出があり、これもバカになりませんね。ここで、「知的財産権が守られているならば」その利益が著作権者に入るからいいんですけれども、これがもし、「知的財産権が守られていなかったならば」どうでしょう？コピーし放題ということになりますと、たとえば、映画を作った人たちに、本当なら100億円入るはずが、コピー商品が出回ったおかげで、「１億円しか入らなかったよ」なんてことに、なるわけです。いかがでしょう、あなただったら、わざわざ苦労して何か作品を生み出しますか？「誰かが作るのを待っていて、それのコピーで稼いだ方がいい」とは、なりませんか？「せっかく作っても、みんなコピーされちゃうんだから、それだったら作らない方がいいや」ということになるでしょう。だから、「知的財産権は保護されるべき」なのです。

B

知的財産権の中には著作権もあります。知的財産権というのは、実際のモノというかアイデア見たいなものもそうです。例えば何か新しい商品のアイデアがあったら「特許」、自分で何か書いたり作ったら「著作権」となります。ほかにも商標というのも知的財産権になるでしょう。著作権というのは実際の作品です。例えばあなたが書いた読書感想文やレポートなども著作権です。あるいは本も書いた人に著作権があります。自分の著作物は自由に使うことができますが、他人の著作物は勝手に使ってはいけません。使いたい場合は著作権を持っている人に許可をもらう必要がありますね。知的財産権もそこは同じですね。

要は、知的財産権→著作権や商標・特許など「知的」な財産を独占的に使う権利、著作権→著作物（本・レポート・感想文・映画・歌詞などなど）について独占的に使うことのできる権利ということになります。

[13] ＡとＢの文で共通している話題は何か。

1 　知的財産権を守るためにやらざるを得ないこと

2 　知的財産権の正しい使い方

3 　知的財産権の意味

4 　知的財産権の誤用

[14] 「知的財産権」について、Ａの筆者とＢの筆者はどのような意見を述べているか。

1 　Ａは「知的財産権」を守らねばならない理由を、Ｂは「知的財産権」の種類について述べている。

2 　Ａは「知的財産権」の社会的な影響について、Ｂは「知的財産権」の種類について述べている。

3 　Ａは「知的財産権」の侵害について、Ｂは「知的財産権」の価値について述べている。

4 　Ａは「知的財産権」の経済的な効果を、Ｂは「知的財産権」の著作物について述べている。

JLPT 파트별 소개

PART 4 장문 독해 (주장 이해)

장문 독해는 다양한 분야에서 출제된다. 즉 필자의 주관에 바탕을 둔, 사설이나 논평, 비평 등과, 객관적인 사실(실험이나 연구, 사회적인 현상)을 전달하는 연구결과, 논문발표, 사회현상 등이다. 학습자 입장에서는 장문 독해만큼 큰 부담을 가지는 파트도 없을 것이다. 그것은, 외국어로 구성된 긴 문장을 한국어로 해석해야 하고, 또 그것을 바탕으로 문제를 풀어야 하기 때문일 것이다. 특히, 집중력이 부족한 경우에는 방금 읽었던 문장도 무슨 내용인지 기억이 안 나는 경우도 많다. 또한 문제를 풀 때, 지레 짐작으로(대충 독해 문장을 해석하고) 문제를 풀기 때문에 거의 정답을 찾지 못하는 경우가 허다하다. 이러한 문제풀이 방식을 이겨내고, 어떤 식으로 문제를 풀어야 할지 정확하게 알아 두지 않으면 위와 같은 실수를 끊임없이 반복할 것이다.

1개의 지문에, 3문제가 출제된다. N2에서 출제되는 장문독해는 필자의 생각이나 말하고자 하는 바를 정확히 알지 못하면 문제를 풀기가 상당히 까다롭다. 특히, 본문의 내용자체도 높은 수준의 어휘와 문장으로 구성되어 있으므로, 본문의 해석에서부터 상당히 어려움을 느낄 것이다. 주로 사회의 전반적인 내용과 시사에 관련된 지문이 출제된다. 이 파트 역시 단문독해나 중문독해를 푸는 방법과 정답을 찾는 방식은 비슷하다. 다만, 전체의 지문에서 필자의 생각을 파악해야만 각각의 문제에 대한 정답을 찾을 수 있을 것이다. 이 파트를 공략하기 위해서 우선 학습자들이 제일 먼저 해야 하는 것은, 필자가 주장하는 바가 본문의 첫 부분에 있는지, 마지막 부분에 있는지를 파악해야 한다. N2 수준의 학습자라면, 이 정도는 충분히 알 수 있을 것이다. 주장이해의 장문독해는, 일반적으로 마지막 단락에 필자의 생각이 있는 경우가 90%이상 이므로, 가급적이면 마지막 단락을 먼저 읽고 나서, 필자의 주장하는 바를 알아 두도록 하자. 필자의 생각이 파악되고 나서, 첫 단락부터 본문을 해석해 나가면 본문의 내용을 이해하는데 상당히 수월하다는 것을 알 수 있을 것이다. 실전에서는 시간 상의 촉박함 때문에 문제를 전부 풀 수 없는 경우도 있을 것이다. 이럴 때, 학습자들은, 이 파트의 장문독해는 두 문제만 푼다는 생각으로 임하면 시간의 활용도에 있어서 상당히 도움이 된다.

問題13　次の文章を読んで、後の問いに対する答えとして最もよいものを、1・2・3・4から一つ選びなさい。

1～3

　視力や聴覚と比較して、私たちの嗅覚はそれほど重要であるようには思われないかもしれない。しかし実際は、においを感知できることが、私たちの生活においてとても重要な役割を果たしうるのだ。例えば悪臭は危険の合図になり、食物が腐ったことや、空気中に有害ガスがあることを私たちに警告する。これに対し、花の香りのようなよいにおいは私たちに喜びを与え、気分を変えることができる。実際、いくつかの理論によれば、心地よいにおいは病気を治療するために利用することさえできるのだ。

　においを感知することができるということがそれほど役に立つのだから、科学者たちは、人間の鼻のように広範囲にわたるいろいろなにおいを認識することができる機械、すなわち人工鼻を開発することに長い間関心を抱いてきた。研究により、私たちの鼻の中の細胞が直接個々のにおいを認識するのではないことがわかった。むしろ、鼻の中のそれぞれの細胞は、個々のにおいに含まれる別々の化学物質に反応するのだ。それから脳がこの反応の組み合わせを、ある特定のにおいのものだと認識する。現在では研究者たちが化学物質センサーを用いて、これと類似した方法で機能する人工鼻を設計した。機械のセンサーは1つのにおいの中のいろいろな化学物質に反応し、そしてコンピュータがこの反応の組み合わせを記録する。人工鼻はその後、別の機械にそのにおいを認識するのに、このコンピュータを使う。

　これらの新しい人工鼻は多くの分野ですでに使われつつある。もっとも重要なもののうちの1つは食品業界だ。そこでは、食物が腐敗したときに警告を発するために使われている。もう1つの重要な利用法は、医療における治療法だ。いろいろなバクテリアを認識することができる鼻がすでに開発されており、それらは現在、起こりうる病気を警告するために病院の空気調節システムで使用されている。同様に、人工鼻は有毒な化学物質または他の環境を汚染する物質を感知するために使われつつある。

　科学者の中には、今やさらにその先を行き、同じ技術を人工的ににおいを作るのに使うことを望んでいる者もいる。人工鼻が、あるにおいの中に認識した化学物質の同じ組み合わせを用いることで、そのにおいを再現することができると彼らは考えているのだ。そうなれば、そのような人工的なにおいは映画をよりリアルなものにしたり、私たちの日常生活に心地よいにおいを与えたりするのに使うことができるだろう。

1 何人かの人々が信じている、よいにおいは何か。

　　1　私たちが上機嫌のときのみ、認識されるということだ。

　　2　私たちの聴覚をよりよくする助けになるかもしれないということだ。

　　3　病気を克服するために使用することができるということだ。

　　4　しばしば悪臭から作り出されるということだ。

2 どのようにして人工鼻はにおいを認識するのか。

　　1　コンピュータ内のデータと化学物質の組み合わせを照合する。

　　2　個々のにおいを認識する広範囲にわたる細胞を持っている。

　　3　そのにおいを人間の鼻の細胞と比較する。

　　4　いろいろなにおいに反応するセンサーを開発する。

3 何人かの科学者は、将来何をすることを望んでいるのか。

　　1　人工と本物のにおいを区別することができる鼻を発明すること

　　2　人々が自分たちの日常生活で使うためのより安い機械を製作すること

　　3　新技術をにおいの再生に応用すること

　　4　映画で使用するために、よりリアルな人工鼻を開発すること

4~6

　登山者が直面する危険の1つが、高山病である。これは高く登れば登るほど空気中の酸素が薄くなっていくということによって引き起こされる。こうした酸素不足は、吐き気と頭痛そして極端な場合、死に至る可能性さえある。空気中の酸素濃度が低くなっても、体は時間とともにそれに慣れることができるが、あまりに急速に低高度から高高度へと移動すると高山病になりやすい。

　豊富な高山病の治療経験を持つ場所の一つが、エベレスト山の南斜面のベース・キャンプで、ボランティアによって運営されている診療所である。世界でもっとも高い場所にあるといわれているこの診療所は、ルアンヌ・フレーアによって2003年に設立された。普段はアメリカのイエローストーン国立公園の山岳地帯で働いているフレーアは、1999年にネパールへ旅行した際、この診療所のアイディアを思いついた。滞在中、彼女は地元民と外国人の両方を含む、高山病の治療を必要とする多くの人々に出会ったのだ。

　フレーアによると、今では経験豊かな登山者の大部分が、あまりにも高くまで、あまりにも急速に登ることの危険性を認識しているので、彼らが高山病に苦しむことはめったにない。より危険にさらされているのは、トレッカーと呼ばれる景色を楽しむためにベース・キャンプまで歩いてくる観光客である。ベース・キャンプは標高5330メートルにあり、高山病の原因となるのに十二分な高さである。危険にさらされているもう1つのグループが、山中で重い荷物を運ぶポーターとして働いている地元の人々であるとフレーアは指摘する。地元の人々は地域外の人々ほど簡単に高山病にはかからないが、彼らは余分なエネルギーを使うので、しばしば彼らが思っているよりも多くの酸素を必要とするのだ。

　フレーアの診療所には2つの主要な目的がある。1つは、山の中にいることが原因で体調不良に苦しむ観光客を助けることである。もう1つは、少ない費用で地元の人々に総合的な医療を提供することである。その目的のために、診療所は海外からの観光客には通常の料金を請求し、そしてそのお金を地元住民の医療費を支払うために使う。このように、常時その地域で暮らす人々の生活を改善するために、観光客の間で高まるエベレスト山の人気を利用することを、診療所のボランティアたちは期待している。

4 登山者が直面する危険の一つは何か。

   1 急速な温度変化に慣れるのが難しい。

   2 空気中の酸素濃度が天候によって変化する。

   3 山が非常に高いので恐怖やパニックの感情の原因となる可能性がある。

   4 あまり速く登りすぎると、重病にかかる可能性がある。

5 ルアンヌ・フレーアが高山病について言っていることの1つは何か。

   1 観光客がそれにかかっていることに気が付くのは困難であるとポーターは思っている。

   2 地元の人々は、自分達が考えているよりもそれにかかりやすい。

   3 団体の人々は、個人よりも通常危険度が高い。

   4 観光客はしばしば運んでいる荷物が多すぎるのでそれにかかりやすい。

6 ベース・キャンプの診療所のボランティアの目的の一つは何か。

   1 観光客の払う料金を地元の人々の健康のために利用すること

   2 そこまで登るのをより安全にすることで、その地域への観光業を増やすこと

   3 よりよい治療を提供することによって、地元で運営される診療所の数を減らすこと

   4 総合的な医療を提供できるように地元の人々を訓練すること

상위 30%를 위한 N2 Part 4 (장문 독해 : 주장 이해) 실전 15문항

7~9

　誰でも毎晩、夢を見ますが、その中で夢を覚えている人はわずか半数ほどです。悪い夢を繰り返し見る人もいます。その夢は寝てから数時間後に現れ、叫んだり寝返りを打ったりすることは珍しくないです。悪い夢は普通入り込んでいて、強烈で、その夢を見る人は、目を覚ましてすぐに自分は夢を見ていたんだと分かります。これは悪夢と呼ばれるものです。

　悪夢とは、普通少なくとも脳の一部は覚醒(注1)していて、長く、苦痛を伴う夢だと定義されます。夢を見る人は、その夢の中で強烈な感情を経験するので悪夢から目覚めます。

　悪夢の中でもっともよく見られる場面は、見知らぬ人や動物や空想上のものから追いかけられたり、攻撃されたりするものです。ある報告書によると、不安夢では、恐怖や不安がもっともよく起こる感情だが、夢を見る人は怒りや罪悪感、欲求不満や悲しみ、憂うつといったいろいろと不快な感情を持つこともあると述べられています。これらの感情は、虐待(注2)や愛する者の死や耐えがたい事故のようなトラウマ(注3)となる出来事や、金銭上の問題やもめごと、転職や引っ越しなど、目覚めているときに感じるストレスと直接関係しています。

　悪夢についてはどう対処できるでしょうか。悪夢に悩んでいる人は、その夢が持つ視覚的、象徴的な意味を理解し、夢と目覚めているときの生活との関係を知るべきです。悪夢とは現在の行為パターンや、夢を見る人が治療を要する心理的問題をうまく処理したり、警告を与えるものであったりします。悪夢を治療する手法には、その悪夢を書きとめること、絵を描いたり、色をつけたり、ハッピーエンドを想像したりすることです。

　悪夢は回復に向かえば、見る回数や強烈さが弱まります。もし数週間経っても何の変化の兆しもなければ、セラピストに相談したほうがよいでしょう。別に何もないと思って、そのままほっとけば後で大変な病気になるかもしれません。一度悪化された病気はなかなか治りにくいので症状が弱いときに治療しましょう。誰でも悪夢は見るものだから周りの人、すなわち友達や家族に知らせて、助けをもらうのもいいです。今すぐでもいいから病院やセラピストに行きましょう。

(注1) 覚醒(かくせい)：気づくこと
(注2) 虐待(ぎゃくたい)：ひどく取り扱うこと
(注3) トラウマ：精神的外傷

7 なぜ悪夢を見る人は夢から目を覚ますのか。

1 誰かか追い掛けてくるから

2 就寝中にストレスを感じるから

3 悪夢にある象徴的な意味を理解しようと努めるから

4 とくに感情的になり、心を乱すから

8 いくつかの報告書の内容はどれか。

1 悪夢はときどき仕事で受けるストレスを軽減する。

2 悪夢は怒りや罪悪感などを引き起こすかもしれない。

3 悪夢は怒りや罪悪感などを軽減するかもしれない。

4 ストレスのない人はけっして悪夢を見ない。

9 本文の内容と合っているものはどれか。

1 夢の中で見知らぬ人に話すことでストレスが軽減される。

2 目覚めているときの生活と関係のある悪夢を見る人がいる。

3 悪夢の原因はトラウマになる出来事と関係していない。

4 悪夢を見る人はベッドの中で動くことも叫ぶこともできない。

10 ~ 12

　クロップ・サークルとは、飾りのないサークル、リング型のサークル、小サークルが衛星のように周りを囲むサークルといった、単純なデザインである。初期には単純な円形で、次第に複雑化し、複数同時に現れるもの、長方形など直線的な部分を含むもの、大小さまざまなサークルが幾何学的配置で現れるものなどが現れた。2000年以降は、人の顔やグレイと呼ばれるエイリアンの顔や、時空の説明と言われる図形など、さらに複雑化している。サークルは主に小麦やトウモロコシの畑に、不思議なことに多くの場合一晩で作られるが、大麦畑やオート麦畑、芝生や、雪の上でさえ発生している。その作物は、折られたり、損傷はしていないものの、曲げられながら、複雑な模様を作ることができる緩やかな力によって押し倒されていようで、多くはそのまま生き続ける。

　これらの自然が引き起こすナゾは、最近の現象ではないようである。1678年にさかのぼると、地元イングランドの新聞に、クロップ・サークルに言及した記事がある。サークルが頻繁に出現するようになったのは1970年代初めになってからだ。アメリカや日本やロシア、カナダ、中国、オーストラリアや、その他多くの場所で収穫期前の作物畑によく出現する。1990年に大きな変化が起こり、サークルは直線や角度を持ったもの、らせん形のリング、半球形などからなる複雑は模様になった。

　こういった形の形成には、いろいろな仮説がある。しかし、それはいまだにナゾのままである。現在、その起源については誰もが同意する説はない。イタズラから異星人や、光線、また幽霊のような超自然現象にいたる説まである。本当に奇妙な形のサークルはイタズラによるもので、もっと単純な形のサークルは科学的に説明のつくものだと言う科学者もいる。1991年、イギリスのダグ・バウワとデイブーチョーリーの老人2人組がクロップ・サークルの最初の製作者として名乗りを上げ、簡単な道具と人力によって立派なクロップ・サークルが比較的短時間で作れることを実演してみせた。この実証により、現在ではクロップ・サークルは人間によるイタズラと見なされるようになった。UFOと関連づける人は、私たちが適切な道具や暗号を持っていないためにまだコミュニケーションをとれていない、より高度な知的生命体によって作られたものだと多くの場合信じている。

　1991年の10月、福岡県で窃盗の常習犯として警察に逮捕された高校生12人のグループが、篠栗町クロップ・サークルを作ったのが自分たちだと自白し、イタズラと判明。警察は「調査するまでの1週間で現場が荒らされていた」「一部がイタズラであっても全てがそれで判明できるとは思わない」とする釈明コメントを出したが、この報道以降、日本におけるクロップ・サークル発生報告はほとんどなくなりブームは治まった。

　車に飛び乗ってサークルがある場所に行き、その中に実際に立ってみよう。多くの人は、3次元の現実を超えた美しさに驚くし感動するだろう。

[10] クロップ・サークルはどのように変化しているか。

1　1678年以来クロップ・サークルの形と模様は全然変わっていない。

2　クロップ・サークルはいつも決められた場所や時期に現れている。

3　複雑なデザインのクロップ・サークルは1990年に出現し始めた。

4　クロップ・サークルが作られた場所の作物は全部なくなってしまった。

[11] 本文に出ている科学者について正しいのはどれか。

1　イングランドのトウモロコシ畑に人工的なクロップ・サークルを作る科学者もいる。

2　UFOみたいなものに乗って、クロップ・サークルについて情報をもらう科学者もいる。

3　頻繁に高度な知的生命体と交信をしている科学者もいる。

4　簡単なクロップ・サークルはどのように形成されるのか論理を立てて説明する科学者もいる。

[12] 次の記述のうち、正しくないものはどれか。

1　UFOがクロップ・サークルと関係していると信じている人がいる。

2　クロップ・サークルは作物が収穫される前によく現れる。

3　クロップ・サークルはすべて出現する2～3日前に兆候がある。

4　日本で作られたクロップ・サークルは高校生のイタズラによるものだ。

13 ~ 15

　最近アメリカでは、とくに10代の若者の間でベジタリアンダイエットに人気がある。動物肉や魚肉を食べないことにすると、そこから得ていた栄養を摂取(注1)するために別の方法を見つける必要がある。彼らは菜食主義者と呼ばれる。

　ベジタリアンダイエットを行う理由が1つではないように、行うべきベジタリアンダイエットの種類も1つではない。ここに、もっとも知られている菜食主義が3つある。1つ目はハチミツやタマゴや乳製品や、その他動物からつくる製品を含む動物食品をまったく食べないものだ。2つ目は典型的なベジタリアン食で、タマゴと乳製品は食べるが、動物肉は食べないものだ。最後はタマゴと乳製品に加え、鶏肉と魚肉を食べるものである。この食事は、完全な菜食主義への一歩として採用される。

　日本においては、ベジタリアンの「ベジタ」が「ベジタブル」のそれと勘違いされ、時に「野菜のみを食べる人」と思われがちなベジタリアン。実際には、植物性食品とタマゴを食べるオボ・ベジタリアン、植物性食品と乳製品を食べるラクト・ベジタリアン、植物性食品と魚を食べるフィッシュ・ベジタリアン、さらにはそれらを複合させたさまざまなベジタリアンが存在している。ただし、どのベジタリアンにも共通することは、植物性食品を中心に食生活を構築していることで、その結果、動物性脂肪の摂取が減り、食物繊維の摂取が増えるため、ダイエット法の一つとしても紹介される。

　ベジタリアン食をとると、健康になると認識されている。しかし必ずしも真実とは言えないヘルシーなベジタリアン食を知るカギは、その多様性にある。食事から動物肉と乳製品を除外しても、代わりにポテトチップやサラダ、デザートだけ食べるなら、今以上に健康になることはないだろう。健康によく、多様なベジタリアン食とは野菜や穀物食品全般、木の実、種子や果物である。多様なベジタリアン食は体調を維持し、健康に不可欠な栄養をすべて供給する。

　菜食主義とは、他の生き物に対してもっと憐れみ(注2)のある世界になり、地球規模の飢饉を減らし、個人の健康を増進する積極的な動きのことである。動物の幸福と環境問題は21世紀の人たちにはとても重要で、これら菜食主義者になる人の数が多いことに表れている。

(注1) 摂取：栄養物などを体内に取り入れること
(注2) 憐れみ：かわいそうに思う心。同情

13 典型的なベジタリアンダイエットはどれか。

1　タマゴと乳製品を食べることができる。

2　魚肉やチーズやヨーグルトを食べることができない。

3　鶏肉を食べることができる。

4　野菜以外は食べられない。

14 日本におけるベジタリアンとは一般的にどんな人か。

1　野菜のみ食べる人であり、動物性食品はまったく食べない人

2　主に植物性食品をとる人で、ダイエット法の一つでやっている人

3　いつも肉種類とタマゴと乳製品以外は全部食べている人

4　全ての食物は食べられるが、牛肉と豚肉だけは食べない人

15 筆者が言っていることのうち、正しいものはどれか。

1　菜食主義者は栄養をとる方法と栄養食の種類を知らない。

2　動物食というのはタマゴやハチミツなどは全然含まれない。

3　多種なベジタリアン食は健康になる最も有効な方法である。

4　菜食主義者の数は10代の若者の間で最近減ってきている。

JLPT 파트별 소개

PART 5 정보 검색

독해 파트에서 가장 쉬운 파트이면서 정답을 찾는 데는 시간이 많이 걸리는 파트이기도 하다. 이 파트에서 말하는 정보는 전단지나 광고문, 안내서, 전시회나 박람회 포스트 등을 보고, 일본어 학습자가 그 내용을 정확하게 알고 있는가에 대한 것이다. 이 파트는 다양한 내용을 가지고, 다양한 문제가 출제될 수 있지만, 정답을 빨리 찾는 길은 단 하나이다. 그것은 바로 문제를 먼저 보고 지문을 보는 것이다. 즉, 묻고자 하는 내용이 무엇인지를 먼저 파악하고 나서, 거기에 맞는 정보를 지문에서 살펴보는 것이다. 소위 말하는 맞춤형 독해인데, 본문의 모든 지문 내용을 모르더라도 묻고자 하는 문제에 맞추어서 본문의 내용을 살피면, 그만큼 문제를 푸는 시간이 절약될 것이다.

1개의 지문에, 2문제가 출제된다. 주로 전단지, 광고문, 알림, 포스트 등과 관련된 문제가 출제된다. 이 파트는 다른 파트와 다르게 반드시 문제를 먼저 읽고, 지문을 보도록 하자. 정보검색 문제의 특징은, 문제를 읽고 지문의 전체를 일일이 체크하면서 푸는 문제가 있고, 문제를 읽고 문제와 관련된 부분만 찾아서 푸는 문제가 있다. 어떤 경우든 지문을 보기 전에 반드시 문제를 먼저 이해해야만 빠른 시간 내에 정답을 찾을 수 있다. 일반적으로 광고문이나 알림은 쉬운 어휘로 구성되어 있다. 왜냐하면, 어려운 단어나 문장으로 광고를 하거나 알림을 만들지 않기 때문이다. 광고문이나 알림은 주로 사용되는 어휘가 한정되어 있다. 따라서 본 교재에 있는 정보검색파트의 어휘는 가급적 전부 암기하도록 하자. 정답을 찾기 위한 과정이라고 하기보다는, 정보검색에 대한 두려움을 없애기 위해서이다. 그리고 TIP 을제공하자면, 1교시언어지식에서 문제지를 받자 마자 제일 먼저 이 파트부터 공략하도록 하자. 왜냐하면, 정보검색은 복잡한 머리상태(문자어휘나 문법을 풀고 난 뒤)에서는 문제를 푸는 시간이 많이 걸리기 때문이다. 정보검색 파트는 한 문제도 놓쳐서는 안되는 중요한 파트임을 명심하도록 하자.

상위 30%를위한 N2 Part 4 (정보검색) 실전 50문항

問題 14 右のページは、「県営住宅入居者定期募集のお知らせ」である。下の問いに対する答えとして、最もよいものを1・2・3・4から一つ選びなさい。

1 松岡さん(32歳)は家賃3万円以下の部屋で一人で住みたがる。車はあるが、駐車場の用料として千円以上は払いたくない。入れる部屋はいくつあるか。

　　1　2つ

　　2　3つ

　　3　4つ

　　4　5つ

2 杉本さん(75歳)の夫婦は家賃はいくらでもかまわないが、シルバー住宅に入りたがる。なるべくリビングルームがある部屋がいいと思っているが、入れる団地はどこか。

　　1　三ツ木

　　2　イロリ

　　3　ハイツ

　　4　サクラ

県営住宅入居者定期募集のお知らせ

募集情報

平成24年9月1日入居分

所在地	団地名	構造	住居タイプ	建設年度	家賃(円/月)	駐車場使用料(円/月)	募集戸数	備考
城南区	コボテ	5階建	3K	S49	18,300円	870円	1	単身入居可
	三ツ木	10階建	3DK	H16	33,600円	880円	1	シルバー住宅
		10階建	3DK	S57	23,300円	なし	2	単身入居可
		10階建	3DK	S60	25,100円	なし	1	シルバー住宅
	イロハ	6階建	2LDK	S63	28,000円	1,170円	1	単身入居不可
		6階建	3DK	H1	30,400円	1,040円	2	単身入居可
	銀座	3階建	2LDK	S46	34,600円	1,040円	1	単身入居可
	イロリ	8階建	3LDK	H7	31,100円	1,230円	1	シルバー住宅
中央区	ハイツ	4階建	2DK	H11	23,500円	960円	1	単身入居可
		4階建	3DK	H10	39,900円	960円	2	シルバー住宅
	平城	4階建	3K	S51	19,400円	900円	2	単身入居不可
	サクラ	3階建	3DK	S49	25,900円	830円	2	シルバー住宅
		3階建	3LDK	S58	26,200円	1030円	1	単身入居可

※ 備考欄にシルバー住宅、単身入居可とある住宅は、特定目的住宅で別に資格要件が必要です。

問題 14 右のページは、「住民課からのお知らせ」で、外国人登録についての案内である。下の問いに対する答えとして、最もよいものを1・2・3・4から一つ選びなさい。

3 国籍届が必要なのは次のどの人か。

1 日本に住むアメリカ人が就職するときのその就職先の社長
2 日本に住む日本人が韓国人と結婚するときのその日本人
3 国際結婚した日本の男性の奥さんが帰国するときのその奥さん
4 日本で日本の女性と国際結婚した留学生の中国人

4 外国人登録をしなくてもいい場合はどれか。

1 アメリカで日本人と国際結婚した夫婦の間で生まれた16歳以上の子供
2 日本でアメリカ人同士で結婚した夫婦の間で生まれた16歳以上の子供
3 日本で日本人と国際結婚した夫婦の間で生まれた16歳未満の子供
4 日本でアメリカ人同士で結婚した夫婦の間で生まれた16歳未満の子供

住民課からのお知らせ

◇ 外国人登録 ◇

[２０１０年４月１５日]

外国人の人は、住民基本台帳や戸籍制度に代わるものとして、外国人登録制度があります。

外国人登録			
種類	期限	必要なもの	備考
新規登録	入国されたときは上陸の日から90日以内に、出生のときは60日以内	●旅券（入国のとき） ●出生証明書（出生のとき） ●写真２枚（縦4.5cm×横3.5cmで16歳未満は不要） ●印かん（ある人のみ）	●16歳以上の人は必ず本人が申請してください。 ●16歳未満の人は、同居の家族の人でも申請できます。
居住地の変更	変更を生じた日から14日以内	●登録証明書 ●印かん（ある人のみ） ●国民健康保険証（加入者で町内転居のとき）	

※ このほかに再交付、引替交付、確認申請、居住地以外の変更申請があります。また、出生、婚姻、死亡等のときは国籍の届も必要です。なお、国民健康保険加入者で世帯員に変更のあるときは、必ず保険証を持参してください。

※ 国籍法の一部改正により父母両系血統主義が採用され、その結果、父または母のいずれかが日本国民であれば、その子は日本国民となりますので、新規登録の対象者でなくなります。

問合先　健康福祉部住民課

電話 :(住民係)092-634-1004　（国保年金係)092-634-1005

ファックス : 092-634-1006

E-mail: zyumin@town.hukuoka-minami.lg.jp

상위 30%를 위한 N2 Part 5 (정보 검색) 실전 10문항

問題 14 右のページは、「駅レンタカー」の利用についての案内である。下の問いに対する答えとして、最もよいものを1・2・3・4から一つ選びなさい。

⑤ 山本さんは8月6日に駅レンタカーを利用したいと思っている。どうすればいいか。

1　当日、0120(54)2489に電話して予約する。

2　8月3日にwww.ekilen.comに接続して予約する。

3　8月5日に小倉駅へ行って予約する。

4　8月5日に博多駅のホームページで予約する。

⑥ 駅レンタカーを利用できる場合は次のどれか。

1　きっぷの有効期間が過ぎてからの1回の利用

2　駅レンタカー西日本予約センターで大型の車の利用

3　24時間を超えての利用

4　新幹線の自由席のきっぷを呈示してからの利用

新幹線の旅を楽しくする、ベンリ＆おトクな情報

≪行きたいところ自由自在≫　　２名様以上のグループ限定　　駅レンタカーご利用キャンペーン
駅レンタカー２４時間２，０００円

① 新幹線指定席往復きっぷを　　　［事前の予約が必要です。］
　駅・主な旅行会社で購入　　　駅レンタカーを予約(12月28日〜1月6日は利用頂けません)
　　　　or　　　　＋　　　駅レンタカー西日本予約センター
② 電話でもカンタン予約電話：0120(54)2489(09:00〜18:00)
　0120(54)2489　　　（ご利用日の前日まで）
　　　　　　　　インターネット：www.ekilen.com(ご利用日の3日前まで)
　　　　　　　　　　　　　↓
　　　駅レンタカー営業所で駅レンタカー利用券の提出とかえり券の呈示が必要です。
　　　　　　　　　　　　　↓
　　　　　　　　　２，０００円でレンタカーをGET!
　　　　　　　　　　　　　↓
　　　　　　　　　レンタカー自由自在な旅へGO!

レンタカーの台数には限りがありますので予約できる車両がない場合もあります。

●「新幹線指定席往復きっぷ」2名様以上のご利用に限りおトクな価格で駅レンタカーがご利用になれます。（新幹線 新大阪〜新下関各駅の駅レンタカー営業所-小倉・博多駅は除く）
●事前の予約が必要です。※台数には限りがありますので予約できる車両がない場合もございます。
※ご利用日当日のお申し込みは、直接駅レンタカー営業所へお問い合わせください。
※レンタカーが予約いただけない場合でも「新幹線指定席往復きっぷ」の払い戻しには手数料が必要です。
※レンタカーのご利用開始・ご返却は駅レンタカー営業所の営業時間内に限ります。
●料金は現地でのお支払いとなります。
●ご利用いただける車種はＳクラス(1000〜1300cc)に限ります。
●お値段：１台２,０００円(24時間、消費税込み)
※免責補償料やその他オプション費用は別途必要となります。
※24時間を超えてご利用になる場合は、通常の超過料金が必要となります。
［詳しくは駅レンタカー西日本予約センターお問い合わせください。］
●駅レンタカーご利用キャンペーンは、きっぷの有効期間中1回のみとなります。
●小倉駅・博多駅はレンタカーご利用キャンペーン対象外です。
※「駅レンタカー利用券」は回収します。
※乗車人数分の「駅レンタカー利用券」の提出・「かえり券」の呈示がない場合はキャンペーン価格でご利用いただけません

問題14　右のページは、「2013主要展示会カレンダー」の案内である。下の問いに対する答えとして、最もよいものを1・2・3・4から一つ選びなさい。

[7] 清原さんは登山や釣などに興味がある。また、息子さんは自動車に興味を持っている。この二人はどの展示会に行けばいいか。全部選びなさい。

1　大阪モーターショー・大阪アウトドアフェスティバル2013

2　大阪モーターショー・ジャパンゴルフフェア2013・大阪アウトドアフェスティバル2013

3　国際ホテル・レストランショー・大阪モーターショー・大阪アウトドアフェスティバル2013

4　インターネプコン ジャパン・国際ホテル・レストランショー・大阪モーターショー

[8] 東京以外のところで無料で行う展示会はいくつあるか。

1　1つ

2　2つ

3　3つ

4　4つ

2013主要展示会カレンダー

第25回国際宝飾展2013 主な展示内容は、ダイヤモンド、色石、真珠、ゴールド、シルバーなどの宝飾時計から素材・半製品・加工機械まで宝飾に関するあらゆる製品です。	会期 1月11日〜14日 場所 福岡ドーム(福岡) 入場料 500円 主催 リード エキシビション ジャパン(株)
第47回インターネプコン ジャパン 主な展示内容は、エレクトロニクス製造に関するあらゆる装置、技術、部品、材料が一堂に出展する専門技術展です。	会期 1月15日〜20日 場所 東京ビッグサイト(東京) 入場料 700円 主催 リード エキジビション ジャパン(株)
第3回次世代照明技術展 LED・有機ELデバイスの開発・製造技術、照明器具の設計・製造技術、次世代照明が世界中から一堂に出展されます。	会期 3月18日〜20日 場所 福岡ドーム(福岡) 入場料 無料 主催 (社)日本ショッピングセンター協会
第7回大阪モーターショー 「クルマがかわる、ひろがる世界、かがやく地球」をテーマに開催する西日本最大級のモーターイベント・グルメや各種イベントも盛りだくさんです。	会期 2月20日〜23日 場所 インテックス大阪(大阪) 入場料 有料 主催 大阪モーターショー実行委員会
第46回スーパーマーケットショー 主な展示内容は、食品関連酒類・飲料関連、その他商品関連、店舗設備・機器関連、情報・サービス関連、環境・衛生管理関連です。	5月1日〜3日 場所 幕張メッセ(千葉) 入場料 有料 主催 (社)新日本スーパーマーケット協会
第24回ジャパンゴルフフェア2013 主な展示内容は、ゴルフ用品全般、ゴルフウェアー、ゴルフ関連書籍、ゴルフ練習場設備機器、他です	会期 6月17日〜19日 場所 長崎中央広場(長崎) 入場料 無料 主催 (社)日本ゴルフ用品協会
35回国際ホテル・レストランショー 主な展示内容は、ホテル・旅館などの宿泊業、レストラン・カフェ・居酒屋などの飲食業に向けた、業務用設備、客室備品、スパなどです。	会期 9月21日〜24日 場所 東京ビッグサイト(東京) 入場料 有料 主催 (社)日本能率協会
スマートフォン&タブレット2013春 スマートフォン、タブレット／スレートPCを活用したビジネスソリューションを変革するハードウェアからサービスまでを展示とセミナーで提案します	会期 6月28日〜29日 場所 東京国際フォーラム(東京) 入場料 800円 主催 日経BP社
第20回大阪アウトドアフェスティバル2013 キャンピングカー、マリン、カヌー、バイク、アウトドア関連商品、国内外の情報などが集うアウトドアレジャー総合展示会です。	会期 3月10日〜11日 場所 インテックス大阪(大阪) 入場料 500円 主催 大阪アウトドアフェスティバル実行委員会
東京国際アニメフェア2013 アニメーション関連企業による見本市、アニメーション関連イベント、アニメーション作品のコンペティションを行います。	会期 3月23日〜25日 場所 幕張メッセ(千葉) 入場料 有料 主催 東京国際アニメフェア実行委員会

問題 14 右のページは、温泉の特徴を説明した「温泉の一覧」である。下の問いに対する答えとして、最もよいものを1・2・3・4から一つ選びなさい。

⑨ 個室の説明がある温泉はどれか。

1　りゅう雪と草津温泉ホテルリゾート

2　竜洞と那須

3　竜洞とホテルみゆき

4　りゅう雪と竜洞

⑩ 旬の食材と牛肉を同時に食べられる温泉はどれか。

1　竜洞

2　草津温泉ホテルリゾート

3　那須

4　りゅう雪

温泉の一覧

りゅう雪
■赤谷湖を望む立地なので、昼は絶景の湖を、夜は満天の星空を楽しめる。■源泉100％天然温泉の源泉かけ流し露天風呂「三国」が好評。■赤城牛ステーキや地元野菜をふんだんに使用した料理は、お客様評価が高い。■猿ヶ京温泉の常宿にしたい全20室のおこもり旅館。

竜洞
■新潟との県境に位置する、秘湯と呼ぶにふさわしい水上温泉の小屋温泉。竜洞は清流と雄大で優しい樹々に囲まれた１軒宿。■全20室の客室に対して、広大な敷地の中に17種類の貸切露天風呂があり、無料で24時間入浴可能なのが特徴。露天風呂は大きいものでは20名近く入れるものもあり、とてもぜいたくな気分にひたれる。全ての露天風呂が源泉かけ流しというのも嬉しい。天然温泉100％の源泉は２種の弱アルカリーなので、それぞれ微妙に異なる湯の感触が楽しめる。泉質は上々で、入浴後はお肌がスベスベになる美肌効果も。■夕食は旬の山の幸と川の幸を用いた創作料理。個室のお食事処でゆっくりとどうぞ。■ゆったりのんびりとふたりで過ごしたい時にぜひ利用したい。

草津温泉ホテルリゾート
■湯量豊富な源泉100％かけ流しが満喫できる。「幸の湯」「福の湯」と名づけられた２つのお風呂には、それぞれゆったりとした大浴場と岩露天風呂があり、男女入替ですべて楽しめる。真心をこめたおもてなしも自慢のひとつ。居心地の良さ・快適性を第一に考えた客室や、旬の素材を盛り込んだ料理でひとときを過ごす。また温泉中心街に近いため、外湯めぐりにも最適、常宿として利用するリピーター増。

那須
■美しいゴルフ場を眼前に望む那須の極上リゾートホテル。バリ島直輸入の家具が並ぶ開放的なオリエンタル館と英国貴族の重厚な城を連想させる優雅なヨーロピアン館の２棟からなり、2008年春には自家源泉がかけ流される５種類の貸切露天(宿泊者一回無料)を完備。オリエンタル館の客室はツインタイプとダブルベッド和洋室、ヨーロピアン館の客室は全て広めのツインルーム。また、エッセンシャルオイルのやさしい香りが心地よいアロマセラピーも各コース用意しており、女性にはこの上ないぜいたくな滞在もお手伝い。夕食は旬の食材で洋風コース料理。メインディッシュの那須黒毛和牛はローストビーフまたは赤ワイン煮込みよりお好みで選択いただけます。

ホテルみゆき
■草津の観光名勝、湯畑と西の河原の中間に位置し、お買い物や散策に便利。源泉100％かけ流しの宿の源泉は白家源泉と西の河原の源泉を使用。豊富な湯量のお風呂はもちろん、無料の広い貸切露天風呂も好評！お食事は朝夕ともお部屋でお召し上がりいただけます(10名様以上は小宴会場となります)。身も心もゆったりとおくつろぎください。

N2
독해 정답

≫≫≫ 정답

📖 Part 1 (단문독해)

1 ③	2 ①	3 ②	4 ③	5 ①	6 ④	7 ①	8 ②	9 ③	10 ②
11 ②	12 ①	13 ④	14 ③	15 ③	16 ④	17 ②	18 ③	19 ②	20 ③

📖 Part 2 (중문독해)

1 ③	2 ③	3 ②	4 ①	5 ②	6 ③	7 ②	8 ④	9 ①	10 ④
11 ③	12 ②	13 ①	14 ②	15 ③	16 ①	17 ③	18 ②	19 ①	20 ④
21 ②	22 ④	23 ②	24 ④	25 ④	26 ③	27 ②	28 ③	29 ②	30 ②

📖 Part 3 (종합이해)

1 ④	2 ②	3 ①	4 ①	5 ②	6 ④	7 ②	8 ④	9 ②	10 ③
11 ③	12 ④	13 ③	14 ①						

📖 Part 4 (장문독해 (내용이해))

1 ③	2 ①	3 ③	4 ④	5 ②	6 ①	7 ④	8 ②	9 ②	10 ③
11 ④	12 ③	13 ①	14 ①	15 ③					

📖 Part 5 (정보검색)

1 ②	2 ②	3 ④	4 ③	5 ②	6 ③	7 ①	8 ②	9 ④	10 ③

N2
독해 해설

›› 해설

Part 1 (단문 독해)

(1) 3

話題 화제　ニキビ 여드름　関係 관계　大学 대학　研究 연구　原因 원인　~わけではない ~것(셈)은 아니다　結果 결과　高脂肪分 고지방분　食品 식품　食べ過ぎる 과식하다　当然 당연　皮脂腺 피지선　油分 유분　大切だ 중요하다　限る 한정하다　基本的 기본적　なるべく 가능한 한　避ける 피하다

자주 화제가 되는 것이 「초콜릿」과 「여드름」과의 관계입니다. 펜실베니아 대학의 연구 등에서는, 「초콜릿 그 자체가 여드름의 원인이 되는 것이 아니다」라는 결과가 나온 것 같습니다. 다만, 초콜릿은 고지방분 식품이기 때문에, 너무 먹으면 당연히 피지선에서 나오는 유분이 많아져, 여드름이 생기기 쉬워집니다. 중요한 것은, 초콜릿에 한하지 않고, 「지방분이 많은 식품을 너무 먹지 않는다」라고 하는 극히 기본적인 것 같습니다.

「여드름」을 막기 위해서는 어떻게 하면 되는가?
1　초콜릿을 많이 먹는다.
2　고지방분 식품을 많이 먹는다.
3　지방분이 많은 식품을 가능한 한 피한다.
4　기본적인 식품을 많이 먹는다.

key point

본문의 「チョコレートは高脂肪分食品なので、食べ過ぎれば当然皮脂腺から出る油分が多くなりニキビができやすくなってしまいます」에서 초콜릿을 많이 먹으면 초콜릿에 있는 지방분 때문에 여드름이 생기기 쉽다고 설명하고 있으므로 보기 1번과 2번은 정답이 될 수 없다. 그리고 마지막 지문 「脂肪分の多い食品を食べ過ぎないというごく基本的なことのようです」에서, 지방분이 들어간 음식을 먹지 않는 것이 여드름을 피할 수 있다고 설명하고 있으므로 보기 3번이 정답이 되는 것이다.

(2) 1

特に 특히　被害 피해　地域 지역　近所 이웃, 근처　住む 살다　破滅 파멸　状態 상태　耐える 참다　동사ます형+がたい ~하기 어렵다　何もかも 전부　失う 잃어버리다　心 마음　痛む 아프다　同じく 똑같이　想像がつく 상상이 가다　受ける 피해를 받다　受け取る 받다　ひとしずく 한 방울　たまる 쌓이다, 고이다　分かる 알다　寄付 기부

나는 특히 피해가 컸던 지역의 근처에 살고 있습니다. 파멸된 상태를 보는 것은 참기 어렵고, 전부 다 잃어버린 사람들에 대해서는 마음이 아픕니다. 마찬가지로 상상도 못할 만큼 큰 피해를 입었던 곳에서 받는 선물이라는 것은 엄청난 것입니다. 양동이에 있는 한 방울의 물일지도 모르겠습니다만. 물방울이 고이면 양동이는 가득 차겠죠. 언젠가는 모르겠지만 내가 기부한 백 엔처럼.

양동이에 있는 한 방울의 물이라는 것은 무엇인가?
1　적으면서도 도움이 되는 것
2　적은 양이기 때문에 전혀 도움이 되지 않는 것
3　부자가 기부한 큰 돈
4　정부로부터 받은 기부금

key point

밑줄 선 다음의 문장을 보면, 「しずくがたまるとバケツはいっぱいになるでしょう」라고 나와 있다. 만일 학습자가 「しずく」라는 단어를 모른다고 하더라도, 그 다음 문장에서 「しずく」가 고이면 (모이면) 양동이에 가득찬다고 하였으므로 「しずく」는 아주 작은 (적은) 것을 나타내는 것을 알 수 있다. 그리고 마지막 문장 「私が寄付した百円のように」에서 「しずく」는 필자가 기부한 백 엔처럼, 도움이 될 것이라고 언급하고 있으므로 정답은 보기 1번이 되는 것이다.

(3) 2

福祉 복지　保健局 보건국　店 가게　裏口 뒷문　店内 점내　様子 모습　店員 점원　服装 복장　親切さ 친절함　接客 접객　やり方 방법　衛生 위생　状態 상태　確認 확인　呼びかける 호소하다　お弁当 도시락　総菜 부식, 반찬　持ち帰る 들고 돌아가다　管理 관리　行き届く 두루 미치다, 용의주도하다　加熱 가열　十分 충분　調理 조리　食事 식사　手洗い 손을 씻음　大切だ 중요하다

도쿄도 복지보건국의 사이트에서는, 가게의 뒷문이나 가게 안의 모습, 점원의 복장, 친절함, 접객의 방법에서 그 가게의 위생상태를 확인하도록 호소하고 있습니다. 도시락이나 반찬 등 집에 가지고 돌아가서 먹는 것에 대해서도, 위생관리가 빈틈없는 가게에서 사도록 합시다. 가열할 수 있는 것은, 충분히 가열하고 나서 먹도록 합니다. 조리랑 식사 전에는, 반드시 「손을 씻는」것도 중요합니다.

도쿄도 복지보건국의 사이트에서, 호소하고 있는 것은 어느 것인가?
1　가게의 음식이 가열할 수 있는 것인지 어떤지를 알아보고 나서 이용하자.
2　가게의 위생에 대해서 잘 알아보고 나서 이용하자.
3　가게의 위생상태를, 사이트에서 알아보고 나서 이용하자.
4　가게의 음식을, 집에 들고 돌아갈 수 있는지 어떤지를 알아보

고 나서 이용하자.

key point

정답을 나타내는 부분은 본문의 첫 부분에 있다.「東京都福祉保健局のサイトでは～その店の衛生状態を確認するよう呼びかけています」을 보면 잘 알 수 있다. 그리고, 필자는 자신의 생각이나 주장을 증명하기 위해서 필자의 경험 등을 예로 나타낸다. 그런데, 예는 필자의 생각을 뒷받침하기 위한 수단에 불과하므로, 문장전체를 지배하는 내용이 될 수 없다. 즉, 필자의 생각을 뒷받침하기 위한 예에 사용된 어휘나 표현이 보기에 나와 있으면, 절대 정답이 아니라는 것을 알아두어야 한다.

(4) 3

認める 인정하다　女性 여성　言い寄る 말을 걸며 접근하다
理由 이유　受身 수동　自信 자신감　文句 불평, 불만　男性 남성　恐れる 두려워하다　人気 인기　常に 늘, 항상　必要 필요　不満 불만　付き合う 사귀다　大変だ 힘들다　先に 먼저　話しかける 말을 걸다

이것은 남자도 인정해야 하는 것인데, 여성은 자기 쪽에서(마음에 드는 이성에게) 말을 걸며 다가가지 않는 이유의 하나로, 수동적인 남자가 아니고, 자신감을 가진 남성을 좋아하기 때문이라는 것이 있다. 여자 쪽에서 말을 걸며 다가오지 않는다고 불평을 하는 남성은, 자기 쪽에서 (좋아한다고) 말하는 것을 두려워하고 있는 것뿐이다. 게다가 인기가 있는 여성은 항상, 다른 사람이 말을 걸며 다가오고 있기 때문에, 그녀들은 스스로 말을 걸며 다가갈 필요가 없다.

문장에 의하면 남성의 불만은 무엇인가?
1 여성에게 아무리 좋아한다고 말해도 사귀어 주지 않는다.
2 여성과 사귀면 돈이 너무 들어서 힘들다.
3 여성 쪽에서 먼저 말을 걸어주지 않는 것은 이상하다.
4 인기가 있는 여성이 너무 많아서 사귈 수가 없다.

key point

남자의 불만에 대해서 언급하고 있는 문장은「女から言い寄らないと文句をいう男性は、自分から言うのを恐れているだけだ」에 나와 있다. 즉, 왜 남자가 먼저 여자에게 좋아한다고 말을 해야만 하고, 왜 여자가 먼저 남자에게 좋아한다고 말을 하지 않는가 라는 것이다. 따라서 보기 3번이 정답이 되는 것이다.

(5) 1

火事 화재　着物 기모노　着る 입다　女性 여성　避難 피난　困る 곤란하다　当時 당시　若い 젊다　女店員 여자점원　死ぬ 죽다　無事 무사　軽い 가볍다　怪我 부상　済む 끝나다, 해결되다　高層 고층　建築 건축　伝わる 전해지다　脱出 탈출　下腹部 하복부　露出 노출　恥じる 부끄러워하다　逃げ遅れる 도망가는 시기를 놓치다　以降 이후　ズロース 여성속바지　着用 착용　一般的 일반적　風習 풍습

도쿄 니혼바시에 있는 백화점「시라기야」의 화재로 기모노를 입었던 여성이 피난 가는 것을 난처해 하며, 당시 젊은 여자 점원이 14명이나 죽었다. 남자 점원은, 모두 무사하거나 가벼운 부상으로 끝났는데 왜 젊은 여자 점원이 죽어 버렸던 것인가?
그것은 고층건축(물)에서 로프를 건네 받아 탈출할 때, 하복부가 노출되는 것을 부끄럽게 여겨, 도망갈 시기를 놓친 것이라고 하여, 이후 (속바지 착용이) 일반적인 풍습이 되었다.

( )에 들어가는 가장 적당한 것은 어느 것인가?
1 속바지 착용이
2 소방훈련이
3 옷자락의 흐트러짐을 없애는 것이
4 패션에 주의하는 것이

key point

우선 필자는 어떤 가게에서 화재가 발생했는데, 여자 점원의 사망자 수가 많은 것에 대해 의문을 품었다. 이 내용은 본문의「男店員はみんな無事か軽い怪我で済んだのにどうして若い女店員が死んでしまったのか」에 나와 있다. 그 이유에 대해서「下腹部が露出するのを恥じて」라고 하며, 조금 민감한 부분에 대해서 언급을 했는데, 이런 이유로 여자들은 속바지를 입는 것이 일반화가 되었다는 것이다. 보기 1번의「ズロース」라는 단어를 모르더라도「着用」이라는 단어에서「ズロース」의 의미를 대략적으로 유추할 수 있을 것이다.

(6) 4

言葉 말　忘れる 잊다　ある日 어느날　授業中 수업중　問題 문제　正解 정답　発表 발표　それとも 그렇지 않으면　書く 쓰다　とにかく 여하튼　少ない 적다　なんと 놀랍게도　お前 너　～はずがない ~리가 없다　隣 옆　座る 앉다　以上 이상　たつ 경과하다　頭 머리　はっきり 확실히　残る 남다　思い出 추억　大事だ 중요하다　立派 훌륭함　大人 어른　必要 필요　役に立つ 도움이 되다　誤解 오해　いまだに 여태껏

나에게는, 어릴 때에 선생님께 들었던 말 중에서 잊혀지지 않는 것이 있습니다. 어느 날, 수업 중에 내가 뭔가의 문제에 정답을 냈을 때의 일입니다. 발표해서 정답을 맞혔는지, 그렇지 않으면 노트에 쓴 것이 정답이었는지, 어느 쪽인지 잊어버렸습니다. 여하튼 매우 정답자가 적은 속에서 내가 정답을 맞혔을 때의 일입니다. 놀랍게도, 선생님은 이렇게 말했던 것입니다.「○○의 것을 보았지? 네가 그런 것을 알 리가 없어」. ○○라고 하는 것은 내 옆에 앉아 있었던 아이입니다. 이 말은, 35년 이상 지난 지금도 머리 속에 확실

히 남아 있습니다.

필자가 말하고 있는 것은 무엇인가?
1. 어릴 때의 추억은 소중히 해야만 한다.
2. 선생님의 말은 아이가 훌륭한 어른이 되기 위해서는 필요하다.
3. 어릴 때의 테스트는 어른이 되어도 매우 도움이 되고 있다.
4. 선생님으로부터 오해의 말을 들었던 것이 여태껏 잊혀지지 않는다.

key point

본문은 필자의 어릴 때의 추억을 되살리고 있는 내용이다. 본문의 어떤 부분을 보아도, 추억의 소중함에 대해서 언급하지 않았으므로 보기 1번은 정답이 될 수 없다. 그리고 선생님의 말씀이 어떠한 영향을 미치는 것인가에 대한 것도 다루지 않고 있으므로 보기 2번도 정답이 될 수 없다. 테스트에 관한 것은 필자의 기억의 하나이므로, 문장의 전체를 지배하고 있는 것은 아니다. 본문은 단지, 필자가 어릴 때 선생님으로부터 받은 오해에 대한 것을 다루고 있을 뿐이므로 정답은 보기 4번이 되는것이다.

(7) 1

小学生 초등학생　以上 이상　お子さん 다른 사람의 아이　持つ 가지다　方 분　質問 질문　一緒に 함께　寝る 자다　お風呂 목욕　息子 아들　入学 입학　～にあたり ~에 임해서　子ども部屋 아이방　買う 사다　とどく 배달되다　最初 처음　一週間 일주일　言い出す 말을 꺼내다　最近 최근　時々 때때로　周り 주변　友だち 친구　多い 많다　悩む 고민하다

초등학생 이상의 아이를 가진 분께 질문입니다. 자제분과는 함께 자고 있습니까? 목욕은 아직 함께 하고 있습니까?
저희는 초등학교 1학년 아들이 한 명 있습니다. 초등학교 입학에 임해서, 아이방에 침대를 샀습니다만, 자기 방에서 혼자서 잔 것은, 침대가 배달되고 첫 일주일 뿐이었습니다. 침대를 샀던 것은, 아들이 자기 방에서 (혼자서) 자고 싶다고 말을 꺼냈기 때문입니다만…. 최근에는 또 제 침대에서 함께 자고 있습니다. 목욕은, 때때로 스스로 하게 되었습니다만….
주변의 친구는, 혼자서 자거나 목욕도 스스로 하고 있는 아이가 많은 것 같아서, 어떻게 하면 좋을지 고민하고 있습니다. 좋은 어드바이스를 부탁합니다.

이것을 쓴 사람의 고민은 무엇인가?
1. 아들이 자기 방에서 혼자서 자지 않는 것
2. 아들이 뭐든지 부모와 함께 하고 싶어하지 않는 것
3. 아들이 친구와 함께 자거나 목욕하거나 하는 것
4. 아들이 자기 전에 목욕을 하고 싶어하지 않는 것

key point

고민의 내용이 나와 있는 문장을 살펴보면, 「自分の部屋で一人で寝たのは、ベットがとどいて最初の一週間だけでした」와 「最近はまた私のベットで一緒に寝ています」에서 알 수 있다. 따라서 정답은 보기 1번이 되는데, 보기 3번이나 4번에 나와 있는 목욕과 관련된 문장은 「お風呂は、時々自分で入ってくれるようにはなりましたが…」에서 알 수 있는 것처럼 보기의 내용과는 전혀 관계가 없다.

(8) 2

南 남쪽　海 바다　無人島 무인도　生活 생활　場合 경우　考える 생각하다　苦労 고생　何とか 그럭저럭　生きる 살다　心 마음　悩み 고민　困る 곤란하다　起きる 일어나다　話す 이야기하다　相手 상대방　解決 해결　寂しさ 외로움　感じる 느끼다　人間 인간　～にしろ～にしろ ~든~든　悪い 나쁘다　お互いに 서로　助け合う 서로 돕다

남쪽바다의 무인도에서 혼자서 생활했을 경우를 생각해 봅시다. 그 때 여러 가지 고생을 하면서 그럭저럭 혼자서 살 수 있어도 마음의 고민이나 곤란한 일이 생겼을 경우에는, 이야기할 상대도 없어서 자기 혼자서 해결해 가지 않으면 안됩니다. 해결했다고 해도, 그것을 말할 상대가 없다는 것을 알고, 외로움을 느끼게 되겠죠. 이처럼, 인간은 혼자서 살 수 있는 것은 아닙니다. 좋든 나쁘든 인간은 서로 도움을 주면서 살아가는 것입니다.

여기서 말하는 「무인도」는 어떤 것인가?
1. 사회생활의 외로움을 가르쳐 주는 것
2. 인간이 혼자서는 살 수 없다는 것을 나타내는 것
3. 인간의 존재는 약한 것이다고 가르쳐 주는 것
4. 문제의 해결방법을 가르쳐 주는 것

key point

필자가 언급하고 있는 무인도의 개념에 대해서 알아보면, 「心の悩みや困ったことが起きた場合には、話す相手もいないから、自分一人で解決していかなければならないです」에서 무인도에서 문제가 발생하더라도 상담할 대상이 없기 때문에 혼자서 모든 것을 처리해야 한다고 하고 있다. 또, 「解決したとしても、それを話す相手がいないことを知って、寂しさを感じるでしょう」에서 문제를 해결했다고 하더라도 그것을 말할 상대가 없기 때문에 외로움을 느낀다고 언급하고 있다. 결론을 내리고 있는 「人間はお互いに助け合いながら生きていくものなのです」에서 인간은 무인도에서 사는 것처럼 혼자서는 살아갈 수 없다는 것을 주장하고 있다.

(9) 3

日本食 일본음식　人気 인기　世界中 세계 모든 곳　広が

る 번지다, 퍼지다　欧米 유럽과 미국　中国 중국　寿司 초밥
数 수　増える 늘다　回転寿司 회전초밥　増加 증가　一緒
に 함께　消費量 소비량　拡大 확대　各地 각지　乱獲 남획
傾向 경향　〜にとって ~에 있어서　絶対 절대　魚 물고기
捕獲 포획　続く 계속되다　地中海 지중해　消える 사라지
다　警告 경고　環境 환경

일본음식의 인기가 세계 모든 곳으로 퍼져, 구미나 중국 등에서 스시바의 수도 늘었습니다. 회전초밥가게 등의 증가와 함께 마구로(참치)의 소비량이 확대되어, 그 때문에 세계 각지의 바다에서 남획되는 경향이 있습니다.
일본인에게 있어서 절대 없어지기를 바라지 않는 생선인 참치입니다만, 이대로 포획이 계속되면, 2012년 이전에 지중해에서 없어져버린다 라는 경고를 환경그룹이 내고 있습니다.

환경그룹이 걱정하고 있는 것은 무엇인가?
1　참치가 너무 많기 때문에 그 양을 줄여야만 한다는 것
2　일본인이 참치를 너무 많이 먹는 것은 건강에 좋지 않다는 것
3　이대로 참치를 잡아버리면 이제 곧 없어져 버린다는 것
4　일본 각지의 바다에 많은 참치가 모이고 있는 것

key point

환경그룹이 경고를 하고 있는 문장을 보면,「このまま捕獲が続くと、２０１２年までに地中海から消えてしまうとの警告を環境グループが出しています」에 나타나 있다. 즉 참치를 지나치게 포획하면 그 개체수가 2012년에 없어져 버린다고 경고하고 있다.

(10) 2
男 남자　女 여자　間 사이　置く 두다　壁 벽　世界 세계
永遠 영원　日常 일상　会話 회화　〜においても ~에서도
裏 뒤　意味 의미　本音 본심　含む 포함하다　男性 남성
女性 여성　考える 생각하다　受け入れる 받아들이다　と
んでもない 당치않다　誤解 오해　招く 초대하다, 초래하다
お互い 서로　関係 관계　難しい 어렵다　必要 필요　おそ
らく 아마　対応 대응　真実 진실

남자와 여자사이에 놓여 있는 벽은, 세계 어디에서도 영원한 테마라고 할 수 있을 만큼 높은 것입니다만, 일상에서 하는 회화에서도, 여러 가지 뒤 의미(본심)를 포함하고 있는 것입니다.
그런 줄 모르고, 남성이, 여성이 하는 말의 다른 의미를 생각하지 않고, 그대로 받아들이게 되면, 말도 안되는 오해를 초래해서 서로의 관계가 어렵게 되어버리는 것입니다. 예를 들면, 그녀가 "우리들에게는 필요해"라고 말하면 그것은 아마, "내가 하고 싶은 거야"라든가 "나에게 필요한 것"이라는 의미이겠죠.

이 문장에 의하면, 남성은 여성의 이야기에 어떻게 대응해야만 하는가?
1　여성이 하는 말을 그대로 받아들여도 좋다.
2　여성의 진짜 마음을 알 수 있도록 노력한다.
3　여성이 뭐라고 해도 모든 것을 믿지 않는 편이 좋다.
4　여성이 말하는 것이 전부 진실이라고 생각하는 편이 좋다.

key point

남자가, 여자가 하는 말에 대해서 느끼는 감정에 대한 문장을 살펴보면,「男性が、女性が言う話の裏の意味を考えずにそのまま受け入れてしまう」에 나타나 있다. 즉, 여성의 본심을 알아차리지 못하고 여자가 말하는 내용 그대로를 받아들인다는 것이다. 그 예로서 본문의 마지막 문장에서 언급하고 있다. 필자는, 남자가 여자가 하는 말을 액면 그대로 받아들이지 말고, 조금 더 생각하고, 진짜의 의미를 알아야 한다고 주장하고 있는 것이다.

(11) 2
気に入る 마음에 들다　行動 행동　移す 옮기다　〜なきゃ
=〜なければ ~하지 않으면　古臭い 고리타분하다　縛る 묶
다, 얽매이다　逃す 놓치다　無駄だ 낭비다, 헛되다　伝える
전하다　最悪 최악　結果 결과　まったく 완전히　勇気 용
기　断る 거절하다　変わり 변함　当たり前だ 당연하다

단순히 누군가를 마음에 들어 하면 행동으로 옮겨라. 마음에 들지 않으면 행동으로 옮기지 마. 아무 말 하지 말고 그렇게 하는 것이다. 남자가 라던가, 여자가 이렇게 하지 않고 서는 안된다 라는 고리타분하고 바보 같은 룰에 얽매여서, 찬스를 놓치는 것은 시간의 낭비야. 남자라도 여자라도 누군가를 좋아하면 전하면 되는 것이야. 전해서 최악의 결과가 되어도 그것은 전하기 전과 <u>완전히 같은 것</u>이다.

완전히 같은 것이라는 것은, 무엇을 의미하고 있는가?
1　자신에게 용기가 없는 것은 평소와 같다.
2　좋아하는 사람에게 거절당해도 자신에게는 아무 것도 변하는 것은 없다.
3　좋아하는 마음이 앞으로도 변하지 않는다.
4　시간의 낭비가 되는 것은 당연하다.

key point

필자는 여자든 남자든 좋아하는 감정이 있으면, 그것을 참거나 숨기지 말고 본인의 마음을 선낱하라고 하고 있는데, 그 내용은 「男でも女でも誰かが好きなら伝えたらいいさ」에 나와 있다. 그 다음 문장「伝えて最悪の結果となっても」에서 최악의 결과라고 하는 것은 본인의 마음을 이성이 받아주지 않는 상태를 말하는 것이다. 본인의 마음이 이성에게 전해지지 않더라도 전하기 전과 전한 후의 나의 일상은 똑같다는 내용이「それは伝える前とまったくいっしょなんだよ」에 나와 있다. 따라서 정답은

보기 2번이 되는 것이다.

(12) 1

初代 초대　大統領 대통령　子どもの頃 어릴 때　父親 아버지　大切だ 소중하다　木 나무　折る 꺾다, 부러뜨리다　正直 정직　あやまる 사과하다　しかる 꾸짖다　もちろん 물론　場合 경우　〜によって 〜에 따라　うそをつく 거짓말을 하다　だいたい 대체로　良い 좋다　持つ 가지다　いくら〜ても 아무리〜라도　小さい 작다　ちゃんと 반드시, 제대로　教える 가르치다

미국의 초대대통령인 워싱턴은, 어릴 때, 아버지가 소중히 했던 벚꽃나무를 부러뜨려 버렸습니다. 그러나, 솔직하게 그 일을 말해서, 사과했기 때문에 혼나지 않았습니다. 물론 경우에 따라서 거짓말을 해도 좋을 때도 있습니다만, 거짓말은 대체로 좋은 것이라고는 할 수 없겠죠. 자식을 가지고 있는 부모들도, 아무리 작은 것이라도 아이에게는 거짓말을 해서는 안된다는 것을, 반드시 가르쳐 주세요.

이 문장에서는, 「거짓말」은 어떤 것이라고 말하고 있는가?
1　기본적으로 거짓말은 좋지 않은 것이기 때문에 해서는 안 된다.
2　훌륭한 사람이 되기 위해서는 절대 거짓말을 해서는 안된다.
3　아무리 대통령이라도 거짓말을 하는 것은 국민에게 좋지 않을 것이다.
4　어른 앞에서 거짓말을 하는 것은 좋지 않지만 친구에게는 괜찮다.

key point

필자는 거짓말에 대해서 워싱턴대통령의 예를 들면서 설명을 하고 있다. 어떤 경우든, 필자의 생각을 뒷받침하기 위한 예가 보기에 나와 있으면 정답이 될 수 없다. 마지막 문장 「いくら小さいことでも子どもにはうそをついてはいけないことをちゃんと教えてください」에서 필자는 작은 거짓말이라도 해서는 안된다고 주장하고 있다.

(13) 4

今年 올해　最初 최초　元気 건강함　無理 무리　せい 탓　かぜを引く 감기 들다　なかなか 좀처럼　治る 낫다　ものすごい 엄청나다, 굉장하다　熱 열　出る 나오다　〜わけではない 〜것(셈)은 아니다　続く 계속되다　状態 상태　休みを取る 휴가를 잡다　しっかり 제대로, 똑바로　ぐっすり 푹　早く 빨리　〜はずだ 틀림없이〜이다　仕事 일　出かける 나가다, 외출하다　帰る 돌아오다　疲れる 피곤하다, 몸살 나다　くりかえす 반복하다

올해 11월 초순 경, 나는 건강했습니다. 하지만, 그 뒤 무리를 한 탓인지 감기 들어서 좀처럼 낫지 않았습니다. 엄청나게 높은 열이 난 것은 아닙니다만, 열이 끝까지 계속 나는 상태였습니다. 휴식을 제대로 취하고, 하루라도 푹 잘 수 있었다면 더욱 빨리 나았을 것입니다. 하지만, 좀처럼 그렇게는 되지 않았습니다. 어떻게 하든 해야만 하는 일 때문에 나가서, 그 때는 괜찮았지만, 돌아오니 몸살 나는 일이 몇 번이나 반복되었습니다.

이 사람의 감기는 지금 어떠한가?
1　약을 먹고 조금 열은 있지만, 감기는 나았다.
2　집에서 푹 잤기 때문에 감기가 나았다.
3　일을 전혀 하지 않기 때문에 점점 좋아지고 있다.
4　많은 일로 감기가 전혀 낫지 않고 있다.

key point

필자는 「一日でもぐっすり寝ていられればもっと早く治ったはずです」에서 하루정도만 쉬어도 감기가 나았을 것이라고 언급하고 있기 때문에, 현재 감기가 완치된 상태가 아니라는 것을 알 수 있다. 그리고 「帰ってくると疲れるということが何回かくりかえされました」에서 「くりかえす:반복하다」는 표현이 나와 있다. 즉, 일을 할 때는 몰랐지만, 감기를 참으면서 일을 했더니, 계속 몸살나는 것이 반복되고 있다고 언급하고 있으므로, 현재 필자의 감기는 전혀 낫지 않았다.

(14) 3

親子連れ 부모와 아이 동반　入る 들어오다　注文 주문　ならぶ 줄 서다　移動 이동　物売り台 물건을 파는 선반　キャラクター 캐릭터　商品 상품　置く 두다, 놓다　初め 처음　さわる 만지다　光景 광경　反応 반응　さまざまだ 다양하다　その場 그 자리　状況 상황　総合的 종합적　判断 판단　迷惑をかける 폐를 끼치다

어떤 패스트푸드점에 아이를 동반한 부모가 들어왔습니다. 부모가 주문코너에 줄 서려고 했을 때, 아이가 이동하여 물건을 파는 선반으로 갔습니다. 그 선반 위에는 캐릭터상품이 놓여 있었기 때문입니다. 아이는, 처음에는 보고 있을 뿐이었습니다만, 바로 만지기 시작했습니다. 이것은 매우 자주 볼 수 있는 광경입니다만, 이 때, 부모의 반응은 다양합니다. 이 때, 부모는 어떻게 하면 좋을까요? 부모는 그 자리의 상황과 아이를 종합적으로 판단하여, 다른 사람에게 폐를 끼치지 않는 정도에서 하게끔 하는 것이 가장 좋다고 생각힙니다.

이 문장에서는 부모는 아이에게 어떻게 하는 편이 좋다고 말하고 있는가?
1　아이의 장래를 위해서, 아이가 하는 말을 들어주어서는 안 된다.
2　다른 사람에게 폐를 끼칠지도 모르기 때문에 아이가 하는 말

을 들어주는 편이 좋다.
3 지금의 상황과 다른 사람을 잘 생각하고 나서 행동하는 편이 좋다.
4 아이를 공공장소에 절대 데리고 가지 않도록 하는 편이 좋다.

key point

아이의 행동에 대해서, 부모가 취해야 할 바람직한 태도에 대해서 묻는 것인데, 그 내용은 마지막 문장에 나와 있다. 일반적으로 필자의 생각이나 주장, 말하고자 하는 바는, 주로 서두에 나오는 경우가 20%가량이고, 80%는 본문의 마지막에 나온다. 이 문제는 후자에 나와 있는데「その場の状況と子どものことを総合的に判断して~いちばんいいと思います」에 잘 설명되어 있다. 정답이 되는 보기는 본문의 내용과 같은 표현이지만, 다른 어휘를 사용하는 경우가 많다. 보기 3번은, 본문의「迷惑をかけないくらいで」를「他人のことをよく考えてから」로 표현하고 있다.

(15) 3

疑問 의문　学校 학교　習う 배우다　ローマ字 로마자　世間 세상　見かける 발견하다　書き方 쓰는 방법　かなり 상당히　違う 다르다　駅名 역명　名前 이름　選手 선수　背中 등　場面 장면　いったい 도대체　正しい 바르다　種類 종류

여러분은, 의문스럽게 생각된 적은 없습니까? 학교에서 배웠던 로마자와 사회에서 눈에 띄는 로마자의 표기법이 상당히 다르다는 것을.
예를 들면, 학교에서는「シ」를 로마자로「si」로 쓰도록 배웠습니다만, 역명이나 여권의 이름, 스포츠선수의 유니폼의 등에 적혀 있는 이름 등, 많은 장면에서「shi」라고 적혀 있습니다. 도대체 어느 쪽이 바른 것일까요? 왜, 표기법이 2종류가 있는 것일까요?

필자가 말하고 싶은 것은 어느 것인가?
1 일본어를 로마자로 쓰는 것은 매우 어렵다.
2 일본어는 쉽지만 로마자는 종류가 많기 때문에 어렵다.
3 일본어를 로마자로 바꿀 때, 바른 규칙이 있기를 바란다.
4 학교에서 가르쳐주는 로마자는 전부 틀려서 힘들다.

key point

필자는 일본어의「シ」를 로마자로 표현할 때,「si」와「shi」두 가지가 있는 것에 의문을 가지고 있다. 어느 쪽이 바른 것인가에 대한 의견은 언급하고 있지 않지만, 본문의 문장 안에 포함된 의미는, 일본어를 로마자로 표현할 때 일정한 규칙이 있으면 좋겠다는 것이다.

(16) 4

幼稚園 유치원　通う 다니다　初めて 처음　親子 부모자식　遠足 소풍　弁当 도시락　悩む 고민하다　同じ 같음　お母さん 어머니　別々 따로 따로　명사+だって ~라도, ~역시　仲良し 사이가 좋음　友だち 친구　頭 머리　弁当箱 도시락 통　分 몫　一度 한번　入る 들어가다　持つ 들다, 가지다　実際 실제

유치원에 다니고 있는 아이가 있습니다. 이제 곧 처음으로 아이와 함께 소풍을 갑니다만, 도시락을 어떻게 할까 고민하고 있습니다. 왜냐하면, 같은 유치원에 다니고 있는 아이의 어머니가「우리는 도시락은 부모와(제가 먹는 것과) 따로따로 만들어요. 아이도 사이가 좋은 친구와 먹고 싶어 할 것이고」라며…. 나는 머리 속에서 도시락은 아이와 함께 먹고, 도시락 통도 내 것과 아이 것이 한번에 들어가는 것을 들고 갈 생각이었습니다. 하지만 실제는 어떨까요?
아이에게도 사이가 좋은 친구가 있는 것 같습니다만…. 유치원에 다니는 자식을 둔 어머님, 도시락은 아이와 따로 먹었습니까? 아이와 함께 먹는 것이 좋을까요?

이 사람의 고민은 무엇인가?
1 소풍 갈 때, 아이의 친구 몫의 도시락도 만드는 편이 좋은 것인가.
2 소풍 갈 때, 부모도 아이와 함께 가는 편이 좋은 것인가.
3 소풍 갈 때, 아이의 도시락을 어떻게 만들면 맛있게 만들 수 있는가.
4 소풍 갈 때, 도시락을 아이 몫과 함께 할 것인가 따로 할 것인가.

key point

우선 필자가 고민하고 있는 내용은「お弁当をどうしようか悩んでおります」에 나와 있다. 즉, 소풍 갈 때 도시락을 어떻게 할 것인가 인데, 다음에 오는 문장「うちはお弁当は親と別々にするよ」에서 다른 부모의 예를 들고 있고, 필자는「自分の分と子供の分が一度に入るものを持っていくつもりでいました」라고 하며, 다른 부모와는 다르게 하고 있다는 것을 설명하고 있다. 이 부분에서 필자의 고민을 알 수 있으며, 마지막 문장「お弁当って子供と別々に食べましたか？子供といっしょのお弁当でいいでしょか」에서도 필자의 고민을 알 수 있다

(17) 2

お酒 술　飲む 마시다　顔 얼굴　赤い 빨갛다　もし 만일　場合 경우　飲み過ぎる 과음하다　理由 이유　分解 분해　能力 능력　生まれつき 선천적　不足 부족　考える 생각하다　大量 대량　体 몸　大いに 크게　負担がかかる 부담이 되다　可能性 가능성　高い 높다　飲み会 술자리　友だち 친구　上司 상사　すすめる 권유하다　適当だ 적당하다　ことわる 거절하다　~によって ~에 따라서

당신은 술을 마시면 얼굴이 빨개집니까?
만일 당신이 술을 마시고 얼굴이 빨개질 경우는 과음하지 않도록. 이유는 술을 마시고 얼굴이 빨개진다는 것은, 알코올의 분해능력이 선천적으로 부족하다고 생각되는 것입니다. 그렇기 때문에, 술을 엄청 마시면 몸에 크게 부담이 될 가능성이 높은 것입니다. 술자리에서 친구나 상사에게 권유 받아도 적당히 거절하는 편이 좋겠죠. 하지만 경우에 따라서 한잔 정도는 괜찮습니다.

술을 마시면 얼굴이 빨개지는 사람은 어떻게 하면 된다고 말하고 있는가?
1 어떤 일이 있어도 술을 절대 마셔서는 안된다.
2 한잔 정도는 괜찮지만 과음하지 않도록 한다.
3 얼굴이 빨개지는 것은 병이기 때문에 병원에 가는 편이 좋다.
4 자신에게 맞는 술을 선택해서 마시는 편이 좋다.

key point

두 번째 문장에서 필자의 생각을 이미 말했다.「お酒を飲んで顔が赤くなる場合は飲み過ぎないように」에서 알 수 있다. 하지만, 무조건 술을 마시지 않는 것은 인간관계가 나빠질 우려가 있기 때문에 필자는「でも場合によっていっぱいぐらいはいいです」라고 하며, 한잔 정도는 괜찮다고 언급하고 있다.

(18) 3

酔っぱらう 취하다　美人 미인　女性 여성　見える 보이다　知られる 알려지다　つまり 즉　認識 인식　能力 능력　大幅 큰 폭　低下 저하　効果 효과　呼ぶ 부르다　大学 대학　研究 연구　数式 수식　消費量 소비량　場 장소　空気 공기　汚れ 더러움, 오염　相手 상대　照明 조명　強さ 강도　際 때　視力 시력　距離 거리　算出 산출　可能 가능　行動 행동　数字 숫자　流れ 흐름

「술 취했을 때에는 왠지 틀림없이 미인이 아닌 여성이 미인으로 보인다」라는 것은 잘 알려져 있습니다. 즉, 인지능력이 큰 폭으로 저하하는 것입니다. 이것은「비어·고글효과」라고 불리는 것으로, 맨체스터대학의 연구팀이 이 메커니즘을 수식으로 만들었습니다. 알코올소비량, 그 자리의 공기의 오염, 상대방 여성에게 비추어진 조명의 강도, 자신의 그 때의 시력, 그리고 여성과의 거리에서 산출 가능하게 되었습니다.

「맨체스터대학의 연구」의 내용은 무엇인가?
1 알코올소비량과 술 취했을 때의 사람들의 행동에 대한 연구
2 여성은 어느 정도 술을 마시면 취하는 것인가에 대한 연구
3 술 취했을 때에 사람을 인식하는 능력을 숫자로 나타낸 연구
4 술을 마시고 술 취할 때까지의 시간의 흐름에 대한 연구

key point

맨체스터대학에서 연구한 것은「ビール・ゴーグル効果」이다.

그럼 이 효과가 무엇인가에 대해서 알면 정답을 알 수 있을 것인데, 술을 마시면「認識能力が大幅に低下するわけです」라고 설명하고 있다. 그런데,「비어・고글효과」는 마지막 문장「アルコール消費量、～女性との距離から算出可能になっています」에서 다양한 숫자에 의해서 나타난다는 것을 알 수 있다. 왜냐하면,「消費量・空気の汚れ・照明の強さ・視力・女性との距離」는 전부 숫자로 나타나기 때문이다.

(19) 2

協力 협력　安全だ 안전하다　看板 간판　不自然だ 부자연스럽다　あまり 별로　表現 표현　引っ張る 인용하다, 예로 들다　普通 보통　敬語 경어　漢語 한어　和語 일본어　使う 사용하다　説明 설명　実際 실제　例外 예외　十分だ 충분하다　部分 부분　慣用 관용　残念ながら 유감이지만　覚える 기억하다, 익히다　동사ます형+ようがない ~할 방법이 없다

「협력 감사했습니다. 그럼, 안전하게」
이런 간판을 본적이 있습니다만, 일본어로 부자연스러운 것은, 물론「ご安全に」입니다. 이것은 별로 들은 적이 없는 표현입니다.「ご協力」에서 인용된 것인지도 모릅니다. 보통, 이 경어표현은, 한어에는「ご」가 붙고, 일본어에는「お」가 사용된다는 것이 자주 있는 설명입니다만, 실제는 예외가 많아서 충분하지는 않습니다. 예외인 부분은「관용(적으로 사용됨)」이라고 밖에 말할 방법이 없습니다.
(유감이지만, 한 개 한 개 외울 수밖에 없습니다).

(　) 안에 들어갈 문장은 어느 것인가?
1 여러분,「ご安全」이라는 말을 자주 사용하도록 합시다
2 유감이지만, 한 개 한 개 외울 수밖에 없습니다
3 그럼 여러분, 오늘도 열심히 공부합시다
4 죄송합니다만, 바른 일본어는 많이 있습니다

key point

필자는 일본어 명사에 붙는 접두어「お」와「ご」에 대해서 설명을 하고 있으며, 그 오용에 대해서도 언급하고 있다. 하지만,「実際は例外が多くて、十分ではありません」에서,「お」와「ご」의 사용에는 예외도 있으며, 그 예외는 관용적으로 외울 수밖에 없다고 마지막 문장에서 말하고 있다. 따라서, 마지막 문장에는 예외가 되면서 관용적으로 사용되는「お」와「ご」는 한 개씩 외울 수밖에 없다는 표현이 와야, 문장의 흐름이 자연스러울 것이다.

(20) 3

もし 만일　話しかける 말을 걸다　ヤツ 녀석　去る 떠나다　以下 이하　最中に 한창~하는 중에　何度も 몇번이나　腕時計 손목시계　引き出し 서랍　開ける 열다　書類 서류　取

り出す 꺼내다　持つ 들다, 가지다　今にも 당장에라도　立ち上がる 일어서다　電話 전화　伸ばす 뻗다　置く 두다　気づく 알아차리다　近づける 가까이 하다, 접근시키다　方法 방법　取引先 거래처　忙しい 바쁘다　部署 부서　相手 이야기　無視 무시　文句を言う 불평을 하다

만일 내가 근무하고 있는 사무실에서 말을 걸어오는 녀석이 있는데, 내 앞에서 떠나 주기를 바랄 때는, 이하의 어느 것을 하면 좋다.
1 (상대가) 한창 말을 하고 있는 도중에 몇 번이나 손목시계를 본다.
2 서랍이랑 파일을 열어서 서류를 꺼내어 그것을 손에 들고, 당장이라도 나가려고 하는 식으로 일어선다.
3 전화에 손을 뻗어, 손을 거기에 올려 둔 채로 있다. 그래도 (상대가) 아직 알아차리지 못하는 것 같으면 전화를 조금씩 자신 쪽으로 가져 간다.

필자가 말하고 있는 방법으로 바른 것은 무엇인가?
1 거래처에 전화를 하며 바쁜 척을 한다.
2 의자에서 일어서서, 다른 부서에 가 버린다.
3 상대방의 이야기를 신경 쓰지 말고 시계를 자주 본다.
4 상대방의 이야기를 무시하고 뭔가 불평을 한다.

key point

각각의 보기의 정답의 유무를 살펴보자.
1 거래처에 전화를 하며 바쁜 척을 한다. → 본문의 보기 3번에 전화에 대한 언급은 있지만 거래처에 전화를 건다는 표현은 나와 있지 않으므로 정답이 아니다.
2 의자에서 일어서서, 다른 부서에 가 버린다. → 본문의 보기 2번에 나가려고 하는 행동에 대한 언급은 있지만 그 자리를 바로 떠나버린다는 내용이 아니므로 정답이 아니다.
3 상대방의 이야기를 신경 쓰지 말고 시계를 자주 본다. → 본문의 보기 1번에 그 내용이 나와 있다. 즉, 같은 내용을 다른 어휘로 표현한 것이므로 정답이 된다.
4 상대방의 이야기를 무시하고 뭔가 불평을 한다. → 본문의 보기에 해당 사항이 없다.

Part 2 (중문 독해)

(1) 3　(2) 3　(3) 2

定価 정가　販売 판매　基本 기본　清涼 청량　飲料水 음료수　自販機 자판기　安売り 할인판매　波 파도　押し寄せる 밀려오다　複数の 여럿　メーカー (제조)회사　缶 캔　一律 일률적으로　格安 원래보다 각별히 쌈　ちらほら 이따금씩　業界 업계　製造 제조　運営 운영　設置場所 설치장소　貸与 대여　四業種 4업종　分類 분류　小売り 소매　価格 가격　通例 통례　買い取る 사들이다, 매수하다　独自に 독자적으로　仕入れる 원료를 구입하다, 원재료를 들이다　在庫 재고　整理品 정리품　日数 일수, 날짜수　経つ 지나다, 경과하다　安値 싼 가격　実現 실현　開発 개발　登場 등장　そのほかにも 그 밖에도　厳しい 엄하다　消費者 소비자　志向 지향　傾向 경향　まだまだ 아직도 계속　数 수　目立つ 눈에 띄다　取り組む 임하다, 몰두하다, 적극적으로 돌진하다　勝つ 이기다　契約 계약　無料 무료　普及 보급　立場 입장　当然 당연　一部 일부　地域 지역

최근 몇 년간, 정가판매가 기본이었던 청량음료수의 자판기에도 「할인판매」의 물결이 밀려오고 있습니다. 여럿 음료수 제조회사의 캔이 진열되어 있는 자판기나 일률적으로 100엔, 80엔, 프라이스다운(price down)등이라고 쓰인 가격파괴 자동판매기 등도 이따금씩 볼 수 있습니다. 왜 이와 같은 가격으로 판매할 수 있는 걸까요?

자판기업계는 지금까지 음료제조회사, 자판기제조회사, 자판기를 관리·운영하는 회사, 설치장소를 대여하는 로케이션 오너, 크게 4업종으로 분류되고 있었습니다. 그 중에서, 자판기 관리회사 등은, 자판기가 음료회사로부터 무상으로 대여받기 때문에, 회사의 희망 소매가격, 즉 정가로 판매하는 것이 통례였습니다.

그러나, 로케이션 오너나 관리회사가 자판기를 사들이거나 독자적으로 상품을 들이거나 해서 할인판매를 시작했습니다. 편의점의 재고 정리품이나, 디자인이 오래된 상품, 제조일로부터 날짜수가 지난 상품을 싼 가격으로 물건을 들여, 캔이나 페트병으로 「100엔」을 실현. PB브랜드상품도 개발해, 1캔 「80엔」등의 상품도 등장한 것입니다.

그 밖에도, 자작 자판기에서 판매하고 있는 가격파괴 자판기 오너나, 중고자판기를 사용해서, 가격을 파괴해서 판매하고 있는 오너도 있는 것 같습니다.

이 모든 것은 가격에 까다로운 소비자가 많은 것이 이유이겠죠. 그리고 이 저가 지향은 전국적인 경향으로써 아직 계속 증가해 갈 것 같다고 합니다.

(1) 볼 수 있습니다 라고 하는데, 그것은 왜인가?
1 자판기의 수가 늘어서 어디에라도 있기 때문에

2 자판기에 할인판매를 눈에 띄게 하는 가격 등이 쓰여 있기 때문에
3 할인에 임하는 자판기의 오너가 늘었기 때문에
4 음료제조회사가 경쟁에 이기기 위해서 할인판매를 시작했기 때문에

key point

자동판매기에서 음료수를 싸게 팔고 있는 이유를 묻는 것이다. 자동판매기에서의 일반적인 판매방식은 「自販機が飲料メーカーから無償で貸与されるため、メーカーの希望小売価格、つまり定価で販売するのが通例でした」에 나와 있다. 그러나, 「ロケーションオーナーや、管理会社が自販機を買い取ったり、独自に商品を仕入れたりして安売りを始めました」에서, 다양한 이유로 할인판매를 하고 있는 것을 알 수 있다. 정답이 되는 보기 3번을 제외하고, 나머지 보기는 본문에서 전혀 다루고 있지 않다.

(2) 지금까지의 자판기업계의 판매 방식이라고 하는 것은 어떤 것인가?
1 자판기 오너나 관리회사는 고액으로 자판기를 빌리고 있었기 때문에, 정가로 판매할 수밖에 없었다.
2 음료제조회사가 정가판매의 계약을 조건으로 자판기를 무료로 빌려주었다.
3 자판기는 음료제조회사의 것이었기 때문에, 자유롭게 가격을 정할 수 없었다.
4 자판기의 오너는, 제조회사로부터 자판기도 사들이기 위해 정가로 팔고 있었다.

key point

통상적인 자동판매기의 판매방식은 「自販機が飲料メーカーから無償で貸与されるため、メーカーの希望小売価格、つまり定価で販売するのが通例でした」에 나와 있다. 즉, 자동판매기사업을 하는 사람은 음료회사로부터 기계를 무료로 대여 받기 때문에, 음료회사가 제시한 소매가격(정가)으로 판매할 수밖에 없었다.

(3) 필자는 할인판매자판기에 대해서 어떤 식으로 생각하고 있는가?
1 소비자는 가격에 까다롭기 때문에, 향후 더 싼 자판기가 보급된다.
2 지금은 일부의 지역뿐이지만, 전국으로 퍼질 것이다.
3 소비자의 입장에서는 자판기가 더욱 늘었으면 한다
4 지금까지의 통상요금이 지나치게 비쌌기 때문에, 지금의 요금으로 당연하다.

key point

필자의 생각을 묻는 문제인데, 필자의 생각이나 주장하는 바는 항상, 본문의 앞이나 뒤에나와 있는데, 이 문제는 뒷부분에 나와 있

다. 「この低価格志向は全国的な傾向としてまだまだ増えていきそうだということです」에서, 앞으로는 전국적으로 퍼져 나간다고 예상을 하고 있기 때문에, 자동판매기 할인경쟁은, 지금은 지역에 한정되어 있다는 것을 알 수 있다.

(4) 1 (5) 2 (6) 3

教育 교육　家庭 가정　個性 개성　自立心 자립심　強調 강조　非常に 매우　～でさえ ~조차　特質 특질　示す 나타내다　歩く 걷다　時期 시기　しつけ 예의범절　個人 개인　焦点 초점　置く 두다　学業 학업　社会 사회　生活 생활　両方 양쪽　～において ~에서　重要視 중요시　若者 젊은이　方法 방법　選ぶ 선택하다　髪型 헤어스타일　長髪 장발　短髪 단발　組み合わせ 배합　様々 다양함　毛むくじゃら 털북숭이　夢中 빠짐, 몰두함　染色 염색　黄色 노랑　緑 초록　虹色 무지개색　もはや 이제, 이미　珍しい 신기하다　表現 표현　表す 나타내다　映画 영화　登場 등장　服装 복장　流行 유행　製作 제작　容易 용이　推測 추측　最後 마지막　言葉 말　年齢 연령　世代 세대　新語 신조어　～とともに ~와 함께　話し方 말투　作り出す 만들어내다　集団 집단　外 밖　理解 이해　仲間 동료　言語 언어　一部 일부　定着 정착　格好いい 멋있다　一般 일반　使用 사용　特徴 특징　方針 방침　似る 닮다　～一方で ~한편으로　大事さ 소중함　調和 조화　迷惑 민폐　最高 최고　努力 노력　最新 최신　雑誌 잡지　学ぶ 배우다　便利 편리　無理 무리

미국의 교육은 가정과 학교 어느 쪽에서도, 개성과 자립심을 강조한다. 매우 어린아이조차, 이러한 것들의 특질을 나타내려고 한다. 아이가 걸을 수 있게 되는 시기부터, 가정의 예의는 개성적이고 자립된 개인으로 되는 것에 초점이 놓여지는 것 같다. 학교는 학업과 사회생활의 양쪽에서 개성을 매우 중요시한다.

젊은이에 대해서 말하자면, 그들은 많은 방법을 선택해서, 자신들의 자립을 나타낸다. 헤어스타일은 장발, 단발, 그 배합이라는 것이 다양하다. 털북숭이의 머리카락에 빠져 있는 젊은이도 있고, 스킨헤드를 자신의 트레이드마크로 하는 사람도 있다. 머리의 염색도 젊은이에게 자주 볼 수 있어서, 빨강이나 오렌지, 노랑, 초록, 파랑, 그리고 무지개색도 이제 신기하지 않다.

패션에 대해서는 어떨까? 이것도 개성의 표현이다. 패션은 헤어스타일보다 훨씬 개성을 잘 표현한다. 사람은 영화에 등장하는 사람들의 복장의 유행이나 헤어스타일에서, 그 영화가 언제 제작되었는지 쉽게 추측할 수 있다.

그러나, 사람이 자신의 개성을 나타내는 마지막 방법은, 말인 것 같다. 어떤 연령에서도, 젊은 세대는 신조어와 함께 새로운 말투를 만들어낸다. 이러한 것들은 그 집단 밖에 있는 사람은 거의 이해할 수 없는 「동료(자기들끼리)」말투가 된다. 이러한 말들 중에서 그 언어의 일부로 정착한 것은 거의 없지만, 「cool(멋있다)」랑

「gran(할머니)」처럼, 몇 개는 일반적으로 사용되게 되었다.

(4) 미국교육의 특징의 하나는 무엇인가?
1. 가정과 학교에서의 교육방침이 닮아서, 어느 쪽도 자립된 개인이 될 것을 바라고 있다.
2. 개성과 자립심을 강조하는 한편으로, 어릴 때부터 사회생활의 중요성을 가르치고 있다.
3. 학교는 학업을, 가정은 사회생활의 방법을 가르치고 있기 때문에, 양쪽이 잘 조화되고 있다.
4. 개성을 매우 중요시 한 나머지, 어린아이조차, 다른 사람에게 폐를 끼치는 것에 주의하고 있다.

key point

본문에서 미국교육의 특징을 설명하고 있는 문장을 보면, 「家庭と学校のどちらでも、個性と自立心を強調する」에 나타나 있듯이, 가정과 학교 둘 다, 개성과 자립심을 강조하고 있다. 이 문장 이후에 나오는 문장(첫 단락과 두 번째 단락)은, 미국교육의 특징을 예를 들어서 설명하고 있는 것이다.

(5) 본문에 의하면, 미국의 젊은이는 어떤가?
1. 최고의 패션은 역시 헤어스타일이라고 생각하고 있어서, 여러 노력을 하고 있다.
2. 헤어스타일뿐만 아니라 패션에도 자신의 개성을 나타내기 위해서 노력을 하고 있다.
3. 개성을 나타내기 위해서, 옛날 영화를 보거나, 최신의 영화를 보거나 한다.
4. 누가 봐도 개성이 있는 것처럼, 친구랑 잡지로부터 여러 가지 것을 배우고 있다.

key point

두 번째 단락과 세 번째 단락에서 언급된 내용에 대해서 묻고 있다. 개성과 자립심을 강조하고 있는 미국의 교육방식에서, 젊은이들의 구체적인 행동에 대해서 묻고 있는데, 「髪型は長髪、短髪、その組み合わせといったように様々である」에서는 헤어스타일, 「ファッションについてはどうだろうか。これも個性の表現である」에서는 패션에서 미국 젊은이들이 개성을 표현하고 있다고 설명하고 있다.

(6) 필자는 「신조어」에 대해서 어떻게 말하고 있는가?
1. 젊은이의 말이지만, 그 안에 몇 개는 편리한 것도 있다.
2. 젊은이의 개성을 나타내는 것으로, 일반에게 많이 사용되고 있다.
3. 집단 밖에 있는 사람은 의미를 모르는 것이 많다.
4. 말로서는 나쁘지 않지만, 일반화하기에는 무리가 있다.

key point

필자가 생각하는 신조어에 대한 설명은 「これらはその集団の外にいる人はほとんど理解できない仲間言葉になる」에 나와 있다. 즉, 신조어를 사용하는 그 무리들은 그 의미를 알고 있어도, 다른 무리들은 그 의미를 알 수 없다는 것이다. 이처럼, 중문독해는 단락별로 한 문제 씩 출제되는 것이 일반적이라는 것을 알아야 한다.

(7) 2 (8) 4 (9) 1

聖~ 성~ 生きる 살다 正確 정확 互いに 서로 離れる 떨어지다, 멀어지다 祝う 축하하다 名前 이름 昔 옛날 実在 실재 明らかだ 명확하다 一番 가장 有名 유명 僧侶 승려 古代 고대 密かに 몰래 教徒 교도 男女 남녀 結婚式 결혼식 執り行う 집행하다 別 다른 牢獄 감옥 愛する 사랑하다 手紙 편지 記する 기록(기재)하다 言い伝え 구전 信仰 신앙 処刑 처형 呼ぶ 부르다 異教 이교, 다른 종교 祝祭日 축제일 取って代わる 대신하다 教会 교회 部分 부분 反対 반대 変える 바꾸다 判断 판단 未婚 미혼 若い 젊다 箱 상자 入る 들어가다 青年 청년 選びだす 뽑아내다 一緒に 함께 恋人 애인 交わし合う 서로 주고받다 発達 발달 信じる 믿다 交換 교환 大人 어른 日 날 利用 이용 恋愛 연애 伝える 전하다 贈り物 선물 花 꽃 結婚日 결혼일 もっとも 가장 人気 인기 ~であれ ~든 暦 달력 すてきだ 멋지다 愛情 애정 さがげる 바치다 他 그 외 信者 신자 異性 이성 誘惑 유혹 属する 속하다 告白 고백 充実 충실 素晴らしい 멋지다

아무도 성 발렌타인이 어떤 사람인지, 언제 살았는지, 정확히는 모르는 것 같지만, 미국과 일본처럼 서로 멀리 떨어진 나라들에서도 발렌타인 데이가 축하되고 있다.

발렌타인이라는 이름을 가진 사람이, 옛날에 실재했던 것은 확실한 것 같다. 가장 유명한 이야기로는 그는 승려이고, 고대로마에서 몰래 기독교도의 남녀의 결혼식을 집행했던것 같다. 또 다른 이야기로는, 그는 감옥에서 「당신의 발렌타인」이라거나 「당신을 사랑하고 있다」라고 편지에 썼다고 여겨지고 있다. 그러나 어떤 구전에서도, 그는 기독교의 신앙 때문에 처형된 것으로 되어 있다.

발렌타인 데이는, 사랑의 루벨캐리어축제라고 불리는 고대로마의 다른 종교축제일을 대신했다. 새로운 기독교회는 그 「이교적인」 부분에 반대였지만, 그것을 기독교의 축제일로 바꿀 수가 있다고 판단했다. 고대로마의 축제에서는 미혼의 젊은 남녀 이름이 상자에 들어가 있어, 미혼의 청년들이 그것들을 뽑아내었다. 그 커플은 1년 간 함께 있는 것으로 여겨졌다. 발렌타인 데이의 카드는, 그런 고대의 애인이 서로 주고받았던 편지에서 발달되었다고 믿어지고 있다.

미국에서는, 아이들은, 카드나 하트모양의 캔디를 교환하며 발렌타인 데이를 축하한다. 어른은 그 날을 이용해서, 연애의 마음을 전한다. 남성으로부터 여성에게 자주 주는 선물은 꽃이나 초콜릿이다. 또 2월 14일은 결혼일로서 가장 인기가 있는 날의 하나이다.

성 발렌타인이 누구든, 그의 이름이 붙은 이 날은 달력상의 가장 멋진 하루이고, 뭐라고 해도 애정을 고백할 수 있는 날은 이 날 외에 없을 것이다.

(7) 발렌타인이라는 인물에 대해서 바른 것은 어느 것인가?
1 발렌타인 데이를 처음으로 만들었던 사람으로, 기독교의 신자이다.
2 실재하는 인물인 것 같지만, 그에 대한 여러 가지 이야기가 있다.
3 기독교의 신앙 때문에 발렌타인 데이에 처형되었다.
4 몰래 남녀의 결혼식을 행했기 때문에 로마에서 처형되었다.

key point

각각의 보기의 정답의 유무를 살펴보자.
1 발렌타인 데이를 처음으로 만들었던 사람으로, 기독교의 신자이다. → 「一番有名な話では彼は僧侶で」에서, 기독교 신자가 아니고, 승려였다는 것을 알 수 있다.
2 실재하는 인물인 것 같지만, 그에 대한 여러 가지 이야기가 있다. → 「昔に実在したことは明らかなようだ」에서 실존 인물인 것과, 본문의 내용이 발렌타인이라는 인물에 대한 다양한 내용을 담고 있으므로 보기 2번이 정답이 된다.
3 기독교의 신앙을 위해서 발렌타인 데이에 처형되었다. → 「古代ローマで密かにキリスト教徒の男女の結婚式を執り行っていたようだ」에서 기독교인들의 결혼을 거행했지만, 처형에 대한 언급은 없으므로 정답이 아니다.
4 몰래 남녀의 결혼식을 행했기 때문에 로마에서 처형되었다. → 보기 3번의 설명을 참조.

(8) 발렌타인 데이 카드는 어디서 유래되었는가?
1 고대로마에서 미혼의 남녀가 이성을 유혹하기 위해 서로 교환했던 편지에서
2 새로운 기독교회에 속하는 남녀가 서로의 연애감정을 서로 교환했던 편지에서
3 고대로마의 축제에서 발렌타인 데이를 축하하기 위해 남녀가 교환했던 편지에서
4 고대로마의 축제에서 선택 받은 커플이 서로 교환했던 편지에서

key point

유래에 대한 언급이 있는 표현을 보면, 「バレンタインデーのカードはそれらの古代の恋人が交わし合った手紙から発達したと信じられている」에서, 「それら」가 나타내는 것은 「古代ローマの祭りでは未婚の若い男女の名前が箱に入られ、未婚の青年たちがそれらを選びだした」이다. 즉, 선택 받은 남녀가, 서로 편지를 주고받았던 것에 의해서 발렌타인 데이 카드가 생겨났다. 본문에서는 「交わし合った手紙から」로 표현하고 있지만, 보기에서는 같은 의미의 다른 어휘인 「互いに交わした」로 표현하고 있다.

(9) 필자는 발렌타인 데이에 대해서 어떻게 생각하고 있는가?
1 사랑의 고백을 할 수 있는 멋진 이 날이 그 외에 있을까?
2 성 발렌타인에게 감사의 마음을 가지고 이 날을 축하해 주기를 바란다.
3 인간의 애정에 충실하기 위한 날은 더욱 있어도 괜찮을 것이다.
4 멋진 하루이면서 성 발렌타인에 대해서 알아 두어야만 한다.

key point

필자의 생각을 묻는 것인데, 마지막 문장 「彼の名前のついたこの日は暦の上のすてきな１日であり、何といっても愛情にささげられる日は他にはないだろう」에서 알 수 있다. 이 문제 역시, 본문에서는 「何といっても愛情にささげられる日は他にはないだろう」라고 언급하고 있지만, 보기에서는 「すてきなこの日がほかにあるだろうか」로 언급하고 있다. 둘 다 같은 의미이다.

(10) 4　(11) 3　(12) 2

旅 여행　視野 시야　広げる 넓게하다　ことわざ 속담　多様 다양　体験 체험　成長 성장　役立つ 도움이되다　意味 의미　短期 단기　外国 외국　旅行 여행　あてあまる 적용되다　異なる 다르다　文化 문화　生活 생활　仕事 일　場合 경우　なおさら 더 한층　普通 보통　自国 자국　囲む 둘러싸다　言葉 말　持ち込む 반입하다　観察 관찰　限る 한정하다　見慣れる 늘 보아오다, 낯익다　景色 경치　音 소리　におい 냄새　味覚 미각　豊かだ 풍족하다　限定的 한정적　服装 복장　なじみ 친숙함　〜はもとより 〜은 물론　住民 주민　心的 심적　態度 태도　考え方 사고방식　日々 나날　さらす 눈에 띄게(드러나게) 하다　ろ過 여과　吸収 흡수　想像 상상　以上 이상　決定 결정　気付く 알아차리다　当初 당초　困惑 곤혹　正 바름　誤り 잘못　絶対的 절대적　失う 잃어버리다　適合 적합　不適合 부적합　変わる 바뀌다　暮らす 생활하다　程度 정도　価値観 가치관　共有 공유　道徳的 도덕적　無秩序 무질서　状態 상태　行い 행위　墜落 추락　全体 전체　脅かす 위협하다　基本的 기본적　疑念 의심　不安 불안　異国 다른나라　環境 환경　注意深い 주의깊다　吟味 음미　要求 요구　結果 결과　往々にして 왕왕　思慮 사려　個人 개인　枠組み 짜임, 구조, 뼈대　できあがる 완성되다　まさに 바로　求める 요구하다　くせ 버릇　地元 그지역　習慣 습관　失敗 실패　困る 곤란하다　良し悪し 좋고 나쁨　苦労 고생　いつの間にか 어느샌가　判断 판단　基準 기준　もうける 마련하다　受け入れる 받아들이다　再考 재고　決意 결의

영어에는 「여행은 시야를 넓게 한다」라고 하는 속담이 있지만, 이것은 다양한 체험이 한 사람의 인간의 성장에 도움이 된다는 것을 의미한다. 이것은 가이드가 있는 단기 외국여행에도 적용되지만,

다른 문화 속에서 생활하고, 일을 하는 경우에는 더 한층 그렇다. 가이드가 있는 여행에서는, 여행자는 보통 자국사람들에게 둘러싸여, 자국말로 이야기하고 있다. 이래서는 자국의 문화를 외국에 들고 간 듯한 것이다. 그것은 밖에서 그 나라를 관찰하는 체험을 한정되게 만든다. 그래도, 낯익지 않는 경치나 소리, 냄새, 미각은 여행자의 체험을 풍족하게 하고, 한정적인 의미든, 시야를 넓게 해준다.

그러나 다른 사회랑 문화에 들어가서, 생활하거나 일을 하거나 하는 사람은, 그 나라의 다양한 복장이나 친숙하지 않은 음식은 물론, 그 나라 주민의 심적인 태도나 사고방식에까지 나날이 드러나게 된다. 이러한 것들을 전부, 여행자는 자신의 속에 가지고 있는 문화적인 태도에 의해 여과하고 흡수하는 것이다.

상상하는 이상으로 많은 것이, 문화적으로 결정되고 있는 것이라고 알아차릴 때까지, 이러한 것에 당초, 사람은 당혹해 한다. 「바른 것」이랑 「잘못」은 그 절대적인 의미를 잃어버려, 「적합」이랑 「부적합」으로 변해간다.

같은 사회에 생활하는 사람들은, 어느 정도, 같은 가치관을 공유할 필요가 있고, 그렇게 하지 않으면, 사회는 도덕적인 무질서 상태가 되어, 사람들의 행위는 추락하고, 사회전체가 위협받기까지 될 것이다.

자신의 생각이나 기본적인 가치관이 의심스러운 상태에 드리워지는 것은, 불안한 것이다. 그러나 다른 나라의 환경에서 여행자가 어떻게든 해 나가기 위해서는, 자신이 가진 사회적가치관과, 거기서 체험하는 사회적가치관을 주의 깊게 새롭게 음미하는 것이 요구된다. 그 결과, 왕왕, 보다 사려 깊은 개인의 가치관의 뼈대가 완성되어, 이것이 바로, 시야를 넓히는 것인 것이다.

(10) 가이드가 있는 여행에서는, 여행자는 어떻게 하는 것인가?
1 다른 여행자와 같은 말을 하도록 요구된다.
2 자신의 버릇을 고치도록 요구된다.
3 자신의 문화를 그 지역의 주민에게 소개할 수 있다.
4 평소와는 다른 뭔가를 보거나 체험하거나 할 수 있다.

key point

가이드를 동반한 여행이 어떠한 역할을 하고 있는가에 대한 문제인데, 본문의 「これはガイドのいる短期の外国旅行にもあてはまるが」에서 「これ」가 지칭하고 있는 것은 「多様な体験が一人の人間の成長に役立つということを意味する」을 나타낸다. 따라서 가이드가 있으면 외국의 다양한 문화를 체험할 수 있다고 주장하고 있다. 두 번째 단락의 첫 부분에서는 가이드가 있는 여행에 대해서 부정적으로 묘사하고 있지만, 두 번째 단락의 마지막부분 「限定的な意味であれ、視野を広げてくれる」에서, 한정적이지만 여행자의 시야를 넓혀준다는 장점을 설명하고 있다.

(11) 다른 사회나 문화에 들어가서 생활하는 사람은 어떻게 바뀌는 것인가?
1 그 나라사람들과 같은 사고방식이나 생활습관을 가지려고 노력하지만, 항상 실패해서 곤란하다.
2 무엇이 바른가, 바르지 않은가 때문에 고민하기도 하지만, 바로 좋고 나쁨의 절대적인 의미를 도덕에서 배운다.
3 어떤 기간까지는 그 문화에 익숙해지지 않아서 고생하지만, 어느 샌가 판단의 기준이 마련된다.
4 바로 할 수 없지만, 거기에 살고 있는 사람들과 같은 가치관을 공유하려고, 여러 가지 노력을 한다.

key point

세 번째 단락에 대한 질문인데, 「異なる社会や文化に入って、〜その国の住民の心的態度や考え方にまで日々さらされるのである」에서, 처음에는 다른 문화에 대해서 이질감을 느낀다고 하고 있다. 하지만, 세월이 흐름에 따라 그 문화에 익숙해진다고 표현하고 있다. 본문에서는 「日々さらされるのである」라고 설명하고 있으나, 보기에서는 같은 의미의 「いつの間にか判断の基準がもうけられる」라고 언급하고 있다.

(12) 다른 나라에서 어떻게 하든 해 나갈 수 있는 여행자는 어떻게 되는가?
1 그들이 경험하는 그 사회의 가치관을 전부 받아들이지 않으면 안된다.
2 가끔 자신이 가진 가치관이 재고된다.
3 보통, 자신이 가진 가치의 뼈대를 유지하려고 결의된다.
4 기본적인 가치에 대한 그들의 생각을 외국에 펼친다.

key point

다른 나라에서의 여행자는 자기 나라에서의 가치관의 기준이 아닌, 다른 나라의 가치관의 기준에 따라야만 하는데, 「自分の持つ社会的価値観とそこで体験する社会的価値観を注意深く吟味し直すことが要求される」에 잘 나타나 있다. 이러한 것에 의해서 여행자는 「視野を広げることなのである」에서 알 수 있듯이, 여행을 통해서 시야가 넓어지는 것이다.

(13) 1 (14) 2 (15) 3

文化 문화 生活 생활 異なる 다르다 関係 관계 置く 두다 争う 경쟁하다 友人 친구 面識 면식 親戚 친척 部外者 부외자 正式 정식 組織的 조직적 明確 명확 ゆるやかだ 완만하나, 느슨하나 自然 자연 発生的 발생적 表面的 표면적 希薄 희박 感情 감정 関わる 관련되다 現代 현대 心理学 심리학 探求 탐구 理解 이해 重要性 중요성 強調 강조 情緒的 정서적 成熟 성숙 基礎的 기초적 資質 자질 結局 결국 出来事 일, 사건 いかに 어떻게, 얼마나 作り上げる 만들어내다, 완성하다 個人 개인 成長 성장 極めて 극히 숫자+もの ~이상 大人 어른 教師 교사 生徒 학생 相互 상호 干渉 간섭 与える 주다 影響 영향 まさに 바로 学ぶ 배우다 夫 남편 妻 아내 結婚 결혼 家庭 가정 専門家 전문가 期待 기대 臨床 임상

상 学者(がくしゃ) 학자　振(ふ)る舞(ま)う 행동하다　最大限(さいだいげん) 최대한　生(い)かす 살리다　努(つと)める 노력하다　感受性(かんじゅせい) 감수성　鋭(するど)い 날카롭다, 예민하다　夫婦(ふうふ) 부부　親密(しんみつ) 친밀　知的(ちてき) 지적　工夫(くふう) 고안, 아이디어　構築(こうちく) 구축　~に基(もと)づいた ~에 바탕을 둔　配偶者(はいぐうしゃ) 배우자　繊細(せんさい) 섬세　接(せっ)する 접하다　良好(りょうこう) 양호　最善(さいぜん)をつくす 최선을 다하다　分野(ぶんや) 분야　形式的(けいしきてき) 형식적　まれだ 드물다　普通(ふつう) 보통　自発的(じはつてき) 자발적　周囲(しゅうい) 주위

문화적인 생활에서는 우리들은 많은 다른 인간관계 속에 놓인다. 우리들은 누군가로부터 물건을 사고, 누군가에게 판다. 누군가와 놀고, 누군가와 경쟁한다. 친구로서의 면식이거나, 친척으로서의 그리고 부외자로서의 면식이거나 한다. 이러한 것들의 관계에는, 정식적이고, 조직적이며, 명확한 것도 있고, 느슨하고, 확실하지 않은 자연발생적인 것도 있다. 표면적이고 희박한 것도 있고, 우리들의 감정이 깊게 관계되어 있는 것도 있다.
현대 심리학의 생각으로는, 이러한 것들의 「관계성」을 탐구하고 이해하는 것의 중요성이 강조된다. 우리들의 정서적인 성숙의 기초적인 자질은 결국, 어떤 일이 어떻게 이러한 모든 인간관계를 만들어내어 오는 것인가에 크게 관계하고 있는 것 같다.
개인의 성장에 있어서 극히 중요하다고 생각되는 인간관계가 하나 있다. 이것은 사회를 위해서도 더 한층 중요한 관계가 된다. 몇 백만 명 이상의 아이들이, 그리고 몇 천만 명이상의 어른들이 매일, 교사와 학생의 관계 속에 놓이고 있다. 그리고 우리들은 상호의 간섭이나 상호에게 주는 영향에 대해서 틀림없이 배우기 시작하고 있는 점이다.
남편이랑 아내랑 부모에게, 결혼이나 가정생활의 전문가가 되는 것을 기대하지 않는 것과 완전히 똑같은 것처럼, 교사에게 임상심리학자처럼 행동한 것을 우리들은 기대하지 않는다. 그러나 우리들은 그들에게 교사와 학생의 인간관계를, 최대한 살리도록 노력하는 감수성이 예민한 인간인 것을 기대한다. 이 감수성이 예민하다는 자질이 없으면, 남편이나 아내가 결혼생활에서 잘되지 않는 것처럼, 교사도 교실에서 잘될 리가 없다. 이것은 부부관계에는 감정면에서의 친밀함이 있는 것처럼, 가르치는 것과 배우는 것과의 관계에는 지적인 친밀함이 있기 때문이다.

(13) 여기서 말하는 「관계성」이라는 것은 무엇인가?
1　정식이든, 자연발생적인 것이든, 인간은 어떤 종류의 인간관계 속에서 생활하고 있는 것
2　현대사회에서 없으면 안될 인간관계를 어떻게 만들어갈 것인가 궁리하고 있는 것
3　자신에게 주어진 많은 인간관계를 잘 구축해 가기 위해서 정식적인 조직에 들어가는 것
4　현대 심리학에 바탕을 둔 인간관계를 어떻게 만들어내어 갈 것인가 하고 궁리하고 있는 것

key point

「관계성」에 대한 설명은 첫 단락에 나와 있는데, 첫 부분에서는 관계성에 대한 설명을 하고 있으며, 그것에 대한 결론을 「これらの関係には、正式で、組織的で、明確なものもあれば、ゆるやかで、はっきりしない、自然発生的なものもある」으로 설명하고 있다. 즉, 어떠한 경우든 인간은 다른 무엇과 서로 관계를 하며 살고 있다는 것이다.

(14) 우리들이 교사에게 기대하는 것은 무엇인가?
1　교실에서도 가정에서도 배우자에게 대해서 섬세하게 접하는 것
2　학생과 양호한 지적 관계를 만드는 것에 최선을 다하려고 노력하는 것
3　학생을 가르칠 때는 항상 지적이고 섬세한 것
4　교육이랑 심리학분야의 전문가인 것

key point

교사에게 요구하고 있는 것에 대한 설명은 「私たちは彼らに教師と生徒の人間関係を最大限生かすように努める感受性の鋭い人間であることを期待する」에서, 교사의 자질에 대한 것을 말하고 있다. 「この感受性が鋭いという資質がなければ~教師も教室でうまくいくはずがない」에서 교사에게 예민한 감수성이 없으면 교실에서 학생을 가르치는 것이 잘 안된다고 설명하고 있다.

(15) 이 문장에서 말하고 있는 것과 맞는 것은 어느 것인가?
1　우리들의 형식적인 인간관계에 가끔 우리들의 감정이 들어간다.
2　친구와의 인간관계가 표면적인 것은 드문 일은 아니다.
3　많은 종류의 인간관계를 가지는 것은 보통의 일이다.
4　자발적인 인간은 때때로 주위사람들과 경쟁한다.

key point

각각의 보기의 정답의 유무를 살펴보자.
1　우리들의 형식적인 인간관계에 가끔 우리들의 감정이 들어간다. → 보기의 문장은 맞는 말이지만, 본문에서 다루고 있는 내용은 아니다. 즉, 문제를 풀 때는 본문의 내용(증거)를 가지고 풀어야 하는데, 학습자의 기준(지나친 상상력)으로 풀어서는 안되는 것이다.
2　친구와의 인간관계가 표면적인 것은 드문 일은 아니다. → 친구와의 인간관계에 대한 설명은 첫 번째 단락 「友人としての面識であったり」에 있지만, 표면적인 관계라는 표현은 없다.
3　많은 종류의 인간관계를 가지는 것은 보통의 일이다. → 모든 단락이 인간관계에 대한 설명을 하고 있다.
4　자발적인 인간은 때때로 주위사람들과 경쟁한다. → 첫 번째 단락에 보면 「自然発生的なものもある」라는 표현은 본문에 있지만, 자발적인 표현은 본문에 없다.

(16) 1　(17) 3　(18) 2

音 소리	聞こえる 들리다	耳 귀	騒音 소음	慣れる 익숙해지다	鳥 새	注意 주의	静寂 정숙	体験 체험
まれだ 드물다	待ち受ける 오기를 기다리다	音楽 음악	流れる 흐르다	時として 때로는	好む 좋아하다	부정형+ざる ~하지 않다	~に関わらず ~에 상관없이	楽しむ 즐기다
決めかかる 처음부터 그렇게 생각하다	切望 간절히 바람	実際 실제	避ける 피하다	運転 운전	運動中 운동 중	渇望 갈망	精神的 정신적	暗示 암시
触れ合い 접촉	十分 충분	生活 생활	満たす 채우다, 충족시키다	求める 요구하다	理由 이유	若者 젊은이	周り 주변	個人的 개인적
環境 환경	作り出す 만들어내다	動物 동물	警告 경고	遠ざける 물러나게 하다	異性 이성	魅惑 매혹	縄張り 영역	まさに 바로
胃 위	要求 요구	脳 뇌	自体 자체	興奮 흥분	真実 진실	昔 옛날	違う 다르다	絶えず に 끊임없이
洪水 홍수	提供 제공	現代 현대	技術 기술	本当に 정말로	必要 필요	おそらく 아마	一定 일정	期間 기간
沈黙 침묵	得る 얻다	暮らし 생활	都市 도시	周囲 주위	喧騒 떠들썩함	示唆 시사	無理やり 억지로	あこがれる 동경하다
欠ける 빠지다	賢い 현명하다	当分の間 당분간	意志 의지	逃げる 도망가다	工夫 아이디어, 궁리	無くす 없애다		

뉴욕사람이 유럽에서 하이킹을 하고 있었을 때, 그의 스위스인 친구가 「저 소리를 들어!」라고 자주 말했지만, 그에게는 아무 것도 들리지 않았다. 그의 귀는 큰 소음에 익숙해져 있었기 때문에, 새의 소리를 주의해서 들을 수 있을 때까지 며칠이나 걸렸다. 우리들의 대부분에게 있어서, 그러나, 정숙함을 체험하는 것은 드문 일이 되어버렸다. 레스토랑이나 바, 화장실, 엘리베이터, 그리고 전화를 기다리고 있을 때에도 배경음악이 흐르고 있다. 때로는 사회는 우리들이 원하든 원하지 않든, 우리들을 즐겁게 해주려고 으레 관여하고 있는 것 같다.

사람들은 정숙을 아주 원하고 있다고 말할지도 모르지만, 실제는 그것을 피하고 있다. 사람들은 카 라디오를 켜고 자동차를 운전하며, 집에 돌아오면, 텔레비전의 스위치를 켜고, 운동 중에 헤드폰으로 음악을 듣고 있다. 소음에 대한 갈망은 정신적인 문제를 암시하고 있다. 우리들은 가게에서 물건을 살 수 있어도, 인간적 접촉을 충분히 가질 수 없기 때문에, 자신들의 생활을 소리로 충족하고 있는 것이다.

때로는 소음을 추구하는 이유는 이해하기 쉽다. 젊은이는 자신의 주변에 개인적인 환경을 만들어 내기 위해서 큰 소리로 카 스테레오를 컨다. 동물처럼, 라이벌을 경고하여 물러나게 하고, 이성을 매혹하기 위해서 그들은 영역을 만들고 있는 것이다.

틀림없이, 위가 음식을 요구하도록 뇌자체가 흥분을 추구하고 있는 것도 또 진실일 것이다. 옛날과 다르게, 우리들은, 바야흐로 소리를 끊임없이 홍수처럼 제공할 수 있는 현대기술을 가지고 있다. 그러나 정말로 이러한 것이 필요한 것일까? 아마, 만일 균형을 잡기 위해서 일정기간의 침묵을 얻으려고 한다면, 우리들은 더욱 좋은 생활을 할 수 있을 것이다.

(16) 왜 도시생활자에게 있어서 자연의 소리를 듣는 것이 어려운 것인가?
1 그들은 주위의 큰 소음을 듣는데 귀가 익숙해져 있기 때문에
2 그들은 정숙함의 중요성을 이해하고 있기 때문에
3 그들은 유럽에서 하이킹하는 것을 즐기지 않기 때문에
4 그들은 항상 음악이 흐르고 있는 사회에서 생활하는 것은 좋아하지 않기 때문에

key point

첫 번째 단락에 대한 질문이다. 뉴욕에 살고 있는 사람의 경험에서, 그의 스위스인 친구에게는 들리는 소리가 그 사람에게는 들리지 않았다. 그 이유에 대해서는「彼の耳は大きな騒音に慣れていたので、鳥の音を注意して聞けるまでに何日もかかった」에서 설명하고 있는 것처럼, 도시의 큰 소음에 익숙해진 도시인에게는 자연의 새소리가 들리지 않게 된 것이다.

(17) 우리들이 주변을 떠들썩하게 하는 것을 필요로 하는 것은 무엇을 시사하고 있는가?
1 우리들은 음악을 무리하게 듣고 있다.
2 우리들은 조용한 생활을 동경하고 있다.
3 우리들의 생활에 뭔가가 빠져 있다.
4 우리들의 생활은 쇼핑을 하지 않아도 소리로 충족되고 있다.

key point

「人々は静寂を切望していると言うかもしれないが、実際はそれを避けている」에서 보면, 현대인은 정숙을 요구하고 있지만, 실제는 그렇지 않다고 한다. 그 이유로서,「騒音に対する渇望は精神的な問題を暗示している」,「人間的触れ合いを十分持てないので、自分たちの生活を音で満たしているのだ」에서 인간은 자신을 충족시킬 뭔가가 필요하지만, 인간관계가 충분하지 못해서 소리로서 자신의 생활을 채우고 있는 것이다. 따라서 인간이 큰 소리를 내는 것은, 충분히 인간적인 접촉을 얻지 못하기 때문이다.

(18) 필자는 현대인에게 무엇을 말하고 있는 것인가?
1 주변의 소음을 피하려고 하지 않고, 그것에 익숙해 가려고 하는 것도 현명한 방법이다.
2 가끔은 당분간, 아무 말도 하지 않고 생활해도 소리의 균형을 위해서는 좋을 것이다.
3 자신의 의지만 있으면, 현대의 소음에서 도망갈 수가 있기 때문에 아이디어를 짜내야 만한다.
4 소음은 사람에게 나쁜 것이기 때문에, 그것을 없애기 위해서 여러 가지 것을 해야만 한다.

key point

필자가 말하고자 하는 것을 찾는 문제인데, 이 문장에서는 마지막 단락, 마지막 문장에서 필자의 생각을 나타내고 있다. 「一定期間の沈黙を得ようとするならば、私たちはもっとよい暮らしができるだろう」에서 소음에서 탈피하고, 조용한 상태를 어느 정도 유지하면 더욱 멋진 생활을 할 수 있다고 언급하고 있다.

(19) 1　(20) 3　(21) 2

世界一 세계 최고　原産 원산　植物園 식물원　実に 실로, 놀랍게도　開花 개화　姿 모습　形成 형성　直径 직경　咲く 피다　臭い 냄새　嗅ぐ 냄새맡다　腐る 썩다　生ゴミ 음식쓰레기　大根 무　表現 표현　様々だ 가지각색이다　異臭 이상한 냄새　変な 이상한　部分 부분　死体 사체　呼ばれる 불리다　腐乱する 썩어 문드러지다　崩れる 무너지다, 일그러지다　状態 상태　放つ 발산하다　～ことから ～라는 이유에서　命名される 명명되다, 이름 지어지다　死臭 죽음의 냄새　入場券 입장권　大混乱 대혼란　半開き 절반 정도 꽃이 핀 것, 반개화　強烈な 강렬한　記憶 기억　残す 남기다　おそらく 아마도　次の日あたり 다음날 즈음　独特 독특　花びら 꽃잎　到着 도착　着く 도착하다　思った通り 생각했던 대로　完全に 완전히　想像 상상　以上に 이상

세계에서 가장 큰 꽃이라고 일컬어지는 스마트라섬 원산인 「시체꽃」. 코이시가와 식물원에서, 놀랍게도 19년 만에 개화했습니다. 이 꽃은, 작은 꽃이 모여서 큰 하나의 꽃과 같은 모양을 형성하고 있습니다. 그 직경은 1~1.5미터. 또, 3~4년에 한번밖에 피지 않는 것으로도 알려져 있습니다.
또, 이 꽃은 냄새로도 유명합니다. 식물원에서 이 냄새를 맡은 사람들에 따르면, 「썩은 음식쓰레기의 냄새」라던가 「무가 썩은 것 같은 냄새」등 표현은 가지각색입니다만, 이상한 냄새라고 말하는 부분에서는 똑같습니다. 이 꽃이 있는 나라 인도네시아에서는, "사체의 꽃"이라고 불리고 있습니다. 즉, 이 꽃이 동물고기가 썩어 문드러진 상태의 냄새와 같은 냄새를 발산하는 것에서부터 이름 지어져 있고, 일본에서도 「죽음의 냄새 꽃」이라고도 불리고 있습니다.
나는 이것을 보러 일부러 전철로 1시간 30분 걸려서 갔다 왔습니다. 그러나, 입장권을 살때까지 줄을 서, 더욱이 볼 때까지 줄을 서는 대혼란. 도착하고 나서 2시간, 겨우 만날 수 있게 된 「시체꽃」. 절반정도 개화되어 있어 냄새도 그렇게 강렬하지 않았습니다. 나의 기억에는 강렬한 냄새는 남길 수 없었습니다만, 아마도 다음 날 즈음에는 냄새도 강해질 것입니다.

(19) 이 꽃의 설명으로 올바른 것은 어느 것인가?
1　좀처럼 피지 않지만 피었을 때는 독특한 냄새로 "시체의 꽃"이라고 불리고 있다.
2　십몇 년에 한번밖에 피지 않는 대신에, 작은 꽃이 많이 핀다.
3　강렬한 냄새를 내지만, 크고 꽃잎도 아름답다.
4　사체의 냄새와 같아서, 인도네시아에서는 죽음의 냄새 꽃이라고 불리고 있다.

key point

각각의 보기의 정답의 유무를 살펴보자.
1　좀처럼 피지 않지만 피었을 때는 독특한 냄새로 "시체의 꽃"이라고 불리고 있다. → 「実に１９年ぶりに開花しました」와 「この花は、臭いでも有名です」에서 보기 1번이 정답이 된다.
2　십 몇 년에 한 번 밖에 피지 않는 대신에, 작은 꽃이 많이 핀다. → 「３～４年に一度しか咲かないことでも知られています」에서 꽃이 피는 시기가 맞지 않다.
3　강렬한 냄새를 내지만, 커서 꽃잎도 아름답다. → 「小さな花の集まりで大きなひとつの花のような姿を形成しています」에서 꽃의 크기에 대한 설명은 있어도, 꽃잎에 대한 설명은 없다.
4　시체의 냄새와 같아서, 인도네시아에서는 죽음의 냄새 꽃이라고 불리고 있다. → 「この花が動物の肉が腐乱(注2)した状態の臭いと同じ臭いを放つことから命名されており」에서 인도네시아에서는 죽음의 냄새 꽃이라고 불리는 이유는 「동물의 고기가 썩어 문드러진 상태의 냄새」이기 때문이다.

(20) 이 꽃을 보기 위해서 필자는 어떠한 일을 했는가?
1　입장권을 사기 위해서 2시간이나 기다렸다.
2　입장권을 사고 나서 볼 때까지 3시간 반이나 걸렸다.
3　집을 나오고 나서 꽃을 볼 때까지 3시간 반이나 걸렸다.
4　도착하고 나서 볼 때까지 2시간이나 줄을 섰다.

key point

이 꽃을 보기 위해서 우선 필자는 「電車で１時間３０分かけて行って来ました」에서, 전철로 1시간 30분을 소요했고, 「着いてから２時間、ようやく出会えたショクダイオオコンニャク」에서, 2시간이 지난 후에 이 꽃을 보았기 때문에 총 3시간 반을 사용했다.

(21) 이 꽃을 본 필자의 인상은 어떠한가?
1　생각했던 대로 냄새도 강렬하고 꽃도 컸다.
2　생각했던 것보다 냄새도 없고, 꽃도 완전하게는 피지 않았다.
3　상상이상으로 컸지만, 냄새는 별로 나지 않았다.
4　꽃의 크기도 냄새도 상상 이상이었다.

key point

마지막 단락에 설명이 되어 있는데, 「半開きで臭いもそんなに強烈ではありませんでした」에서 「半開き」는 꽃이 반쯤 핀 것을 의미한다. 지독한 냄새도 없었다고 하였으므로 정답은 보기 2번이 되는 것이다.

(22) 4　(23) 2　(24) 4

莫大 막대　量 양　食べ物 음식　毎日 매일　捨てる 버리다
環境 환경　悪い 나쁘다　問題 문제　解決 해결　促進 촉진
無駄だ 헛되다　減らす 줄이다　食品 식품　会社 회사　求める 요구하다　優しい 부드럽다, 좋다　作る 만들다　助け 도움　個人 개인　気をつける 주의하다　昔 옛날　食事 식사　挨拶 인사　茶わん 밥그릇　ご飯の粒 밥풀　母親 어머니　もったいない 아깝다　叱る 꾸짖다　食料 식량　豊富 풍부　ただ 단　一粒 한톨　お米 쌀　農民 농민　汗 땀　考える 생각하다　ほとんど 대부분　若者 젊은이　種類 종류　平気だ 아무렇지도 않다　残す 남기다　古い 오래되다　気軽だ 부담없다　現代 현대　食べ残し 잔반　含める 포함하다　全体 전체　〜年間 ~년 간　廃棄物 폐기물　出る 나오다　国民 국민　〜あたり ~당　もっとも 가장　大手 대규모　消費 소비　期限 기한　賞味期限切れ 유통기한이 끝남　あるいは 혹은　間近だ 아주 가깝다　約 약　膨大 막대　無くす 없애다　努力 노력　全然 전혀　訴える 호소하다　苦労 고생　収入 수입　社会的 사회적　豊かだ 풍부하다　活用 활용　再利用 재활용　頑張る 열심히하다　業界 업계　工夫をする 아이디어를 짜다　ゴミ扱い 쓰레기 취급　他国 타국

일본에서는 막대한 양의 음식이 매일 버려지고 있다. 이것은 아깝고, 또 환경에도 나쁘다. 이 문제의 해결을 촉진하기 위해, 헛되이 하는 음식의 양을 줄이는 것이 일본의 식품회사에 요구되고 있다. 그렇게 하는 것으로, 보다 환경에 좋은 사회를 만드는 것의 도움이 될 수 있는 것이다. 개인도 또, 음식을 헛되이 하지 않도록 주의해야만 한다.
옛날에는, 식사인사인「잘 먹었습니다」라고 말한 뒤에, 밥그릇에 밥풀이 묻어 있으면, 식사를 만들어 준 어머니에게「아까워」라고 혼나곤 했다. 그것은 일본도 40년정도 전까지는 식량이 풍부하지 않았기 때문이다. 단 한 톨의 쌀이라도, 농민들의 땀을 생각하면 헛되이는 할 수 없었던 것이다. 그러나, 지금의 대부분의 젊은이는 음식의 양도 종류도 풍부하게 있어서 식사를 아무렇지도 않게 남기거나, 오래된 식품은 서슴없고 부담없이 버려비린다.
현대에서는, 아직 먹을 수 있는 식품이나 먹고 남긴 식품을 포함해서, 일본전체에서 1년 간에 2189톤 이상의 식품폐기물이 나오고 있다. 국민 1인당 171킬로나 된다. 일본은 세계에서도 가장 많이 음식을 버리고 있는 국가라고 일컬어지고 있는 것이다.
어떤 대규모 편의점체인점이 2003년도에 버린 소비기한・유통기한이 지난 (혹은 직전)의 식품은 약 400억 엔이나 된다는 이야기도 있다. 다른 편의점이나 슈퍼 등에서도 같은 일이 행해지고 있거나, 패스트푸드랑 패밀리레스토랑 등에서도 남긴 음식이 많이 버려지고 있는 것을 생각하면, 막대한 양의 음식이, 아직 먹을 수 있는데 버려지고 있는 것이 된다.

(22) 식품기업은 어떻게 해서 보다 환경에 좋은 사회를 만들고 있는가?
1　쓰레기의 양을 줄이는 노력을 개인에게도 호소한다.
2　환경에 좋은 음식을 많이 만드는 노력을 한다.
3　헛되이 버려지는 음식을 전혀 만들지 않는다.
4　버려지는 남긴 음식을 없애는 것에 노력을 한다.

key point

환경보존을 위해서 일본의 기업에 요구되는 것은「無駄にする食べ物の量を減らすことが日本の食品会社に求められている」에 나와 있다. 여기서「無駄にする食べ物の量」이라는 것은, 「莫大な量の食べ物が毎日捨てられている」에 나와 있듯이, 버려지는 음식을 의미한다. 따라서 보기 4번이 정답이 되는 것이다.

(23) 문장에 의하면, 지금의 일본의 상황에 대해서 바르게 설명하고 있는 것은 어느 것인가?
1　농민들이 고생하고 있는 것에 비해서는 수입이 지나치게 적다.
2　버려지는 음식이 많아져서 사회적인 문제가 되고 있다.
3　음식의 종류도 양도 풍부해졌지만, 그것을 잘 활용하지 않는다.
4　오래된 음식의 재활용을 위해서, 기업과 개인이 노력하고 있다.

key point

각각의 보기에 대해서 살펴보자.
1　농민들이 고생하고 있는 것에 비해서는 수입이 지나치게 적다. → 농민에 대해서 언급한 부분은「農民たちの汗を考えると、無駄にはできなかったのだ」인데, 농민들의 수입에 대한 내용은 다루고 있지 않으므로 정답이 될 수 없다.
2　버려지는 음식이 많아져서 사회적인 문제가 되고 있다. → 본문의 전체적인 내용을 지배하고 있으므로 정답이 된다.
3　음식의 종류도 양도 풍부해졌지만, 그것을 잘 활용하지 않는다. → 음식의 종류와 양에 대해서 다루고 있는 부분은「食べ物の量も種類も豊富にあり、食事を平気で残したり、古くなった食品はポンポンと気軽に捨ててしまう」에 있는데, 그것의 활용도에 대한 내용은 없고, 단지 음식물을 버리고 있다는 내용만 나와 있다.
4　오래된 음식의 재활용을 위해서, 기업과 개인이 노력하고 있다. → 오래된 음식에 대한 언급은 마지막 단락의 마지막 문장에 나와 있는데, 음식의 재활용에 대한 언급은 없다는 것을 알 수 있다.

(24) 일본의 식품업계는 어떻게 하고 있는가?
1　유통기한이 지난 음식을 소비자에게 팔고 있다.
2　대기업식품회사가 쓰레기의 양을 줄이는 아이디어를 짜고 있다.

3　막대한 양의 음식을 쓰레기로서 다른 나라에 팔고 있다.
4　아직 먹어도 문제가 없는 식품을 쓰레기 취급하고 있다.

key point

마지막 단락의「膨大な量の食べ物が、まだ食べられるのに捨てられていることになる」에서 보면, 문제가 없는 음식을 그대로 버리고 있는 것을 알 수 있는데, 본문에서는「捨てられていることになる」라고 언급하고 있지만, 보기에서는「食品をゴミ扱いしている」라고 같은 표현을 다른 어휘로 설명하고 있다.

(25) 4　(26) 3　(27) 2

作る 만들다　職人 장인　大勢 많은 사람　伝統 전통　製品 제품　技術 기술　修得 이론, 기술, 기예 등을 배우고 닦아 충분히 알게됨　何年 몇 년　後継者 후계자　永遠 영원　心配 걱정　世代 세대　伝える 전하다　方法 방법　見つける 찾다　重要 중요　弟子入り 제자가 됨, 입문함　大事だ 중요하다　竹 대나무　細工 세공　場合 경우　竹割り 대나무를 쪼갬　竹曲げ 대나무를 구부림　連続 연속　地道 착실함, 성실함　日々 나날　待つ 기다리다　作業 작업　技 기술　鍛える 단련하다　こつこつ 꾸준히　まさに 바로　一生 평생　修行 수행　世界 세계　親方 우두머리　未熟 미숙　抱える 떠안다, 떠맡다　経済的 경제적　負担 부담　かなり 상당히　厳しい 힘들다, 엄격하다　国 국가　援助金 원조금　決める 정하다　実績 실적　販売 판매　苦労 고생　お客様 손님　信頼 신뢰　考える 생각하다　増やす 늘리다　政府 정부　企業 기업　支援 지원　地域 지역　国民 국민　積極的 적극적　興味 흥미　持つ 가지다　続く 계속되다　懸念 걱정　暗い 어둡다　習う 배우다　生活 생활　まったく 전혀　役に立つ 도움이 되다　基礎 기초　大事だ 중요하다　焦る 초조해하다　徐々に 서서히　忍耐力 인내력　程度 정도　経済力 경제력　がまんする 참다　精神力 정신력　国家 국가　思考力 사고력　思い浮かべる 떠오르다　維持 유지　足りない 부족하다

일본에는 손으로 물건을 만드는 프로장인이 아직 많이 있다. 전통제품을 만드는 기술을 연마하려면 몇 년이나 걸린다. 그러나 오늘날, 그러한 기술의 후계자가 없는 장인도 몇 명인가 있다. 그렇기 때문에, 그들은 자신들의 제품이 영원히 없어져 버리는 것은 아닌가 라고 걱정하고 있다. 그들의 기술을 앞으로의 세대에 전할 방법을 찾는 것이 중요하다.
그런데, 장인이 제자를 받아들여도 그것이 종착점이 아니고, 시작이다. 제자가 되고 나서가 가장 중요하다. 대나무세공의 경우는 매일 대나무를 쪼개거나 대나무를 구부리는 일이 연속인 것처럼, 성실하게 일을 해야 하는 나날이 기다리고 있다. 이 성실한 작업이, 기술을 연마해 주기 때문에 꾸준히 열심히 할 수밖에 없다. 몇 십년이나 한 베테랑도「아직, 공부할 것이 많이 있다」라고 자주 말한다. 틀림없이 평생동안 해야 할 수행의 세계인 것이다. 또, 장인이 미숙한 제자를 떠맡을 경제적인 부담은, 상당히 힘든 것이 있다. 국가로부터 받는 원조금은 정해져 있고, 게다가 실적이 없는 장인은, 판매에 매우 고생한다. 하지만, 좋은 제품을 만드는 것으로, 손님이나 가게에 신뢰를 가져오도록 노력하자.
그럼 여기서 조금 더 생각해 보자. 프로 장인을 더욱 늘리기 위해서는 어떻게 하면 좋을 것인가? 그것은, 정부나 기업 등이 프로의 장인이나 그 제자가 되는 사람들에게 더욱 더 경제적인 지원을 하는 것이다. 또 지역이나 국민도 그것에 적극적인 흥미를 가지고, 지키려고 하면, 일본의 전통제품은 앞으로도 쭉 계속될 것이다.

(25) 장인 중에는 자신들의 제품이 없어지는 것은 아닌가 라고 걱정하고 있는 사람이 있는 것은 왜일까?
1　전통제품에 대한 이미지가 어둡고, 배워도 돈이 되지 않기 때문에
2　전통기술을 배워도 생활에 전혀 도움이 되지 않는다고 생각하고 있기 때문에
3　돈을 위해서 전통기술을 배우려고 하는 사람들만 있기 때문에
4　자신의 기술을 배우려고 하는 사람들이 줄어들고 있는 중이기 때문에

key point

첫 단락「今日、そのような技術の後継者がいない職人も何人かいる」에서 장인들의 기술을 배우려고 하는 후계자가 없다는 것을 알 수 있다. 후계자가 없다는 것은, 보기 4번의「技術を習おうとする人々が少なくなりつつある」와 같은 의미이다.

(26) 장인으로부터 전통기술을 배우려고 하는 사람들에게는 무엇이 요구되는가?
1　전통기술은 기초가 가장 중요하기 때문에, 초조해하지 말고, 서서히 하려고 하는 인내력
2　기술을 배워도 바로는 돈이 되지 않기 때문에, 어느 정도 생활할 수 있는 경제력
3　기술은 바로는 익힐 수 없기 때문에, 참고 열심히 하려고 하는 정신력
4　전통기술을 배운다고 하는 것은 개인을 위한 것이 아니고 국가를 위한 것이라고 하는 사고력

key point

두 번째 단락을 보면, 대나무세공을 예를 들며「地道な日々が待っている」라고 하고 있다. 그리고「こつこつとがんばってやるしかない」에서도 전통기술을 배우기 위해서는 열심히 부지런히 할 것을 요구하고 있다. 또 베테랑의 말「まさに一生修行の世界なのである」에서도 정답을 알 수 있을 것이다.

(27) 필자가 바라고 있는 것은 무엇인가?
1　전통제품의 종류를 더욱 늘려서, 누가 보아도 일본이 떠올라지는 것을 만들자.

2 국가나 기업뿐만 아니라 개인도 전통기술에 관심을 가지면서 그것을 유지하려고 노력하자.
3 전통기술에 대한 경제적인 지원만으로는 부족하기 때문에, 세계에 호소해 보자.
4 프로의 장인이랑 그 제자가 경제적인 문제가 없도록 정부나 국민은 그 제품을 사자.

key point

마지막 단락에서 필자가 전통기술을 유지하기 위한 방법으로서, 두 가지를 제시하고 있는데, 하나는 「政府や企業などがプロの職人やその弟子となる人々にもっと経済的な支援をすることである」에서, 경제적인 지원을 요구하고 있고, 또 하나는 「地域や国民もそれに積極的な興味を持って、守ろうとする」에서 지역과 국민이 전통기술에 지속적인 흥미를 가져줄 것을 바라고 있다.

(28) 3   (29) 2   (30) 2

ほとんど 대부분   無人島(むじんとう) 무인도   生活(せいかつ) 생활   非現実的(ひげんじつてき) 비현실적   作(つく)り上(あ)げる 만들어내다, 완성하다   時(とき)には 때로는   太陽(たいよう) 태양   かがやく 빛나다   一種(いっしゅ) 일종   楽園(らくえん) 낙원   想像(そうぞう) 상상   熟(じゅく)する (과일 등이) 익다   果物(くだもの) 과일   木(き) 나무   落(お)ちる 떨어지다   働(はたら)く 일하다   必要(ひつよう) 필요   一方(いっぽう) 한편   反対(はんたい) 반대   飢(う)え死(じ)に 아사, 굶어죽음   当(あ)て 희망   船(ふね) 배   待(ま)つ 기다리다   たぶん 아마   いずれにも 어느 것이나   真実(しんじつ) 진실   確(たし)かめる 확인하다   最近(さいきん) 최근   さんご礁(しょう) 산호초   島(しま) 섬   過(す)ごす 보내다   もっと 더욱   かなり 상당히   傷(いた)む 손상되다   修理(しゅうり) 수리   諸島(しょとう) 제도   航海(こうかい) 항해   沈(しず)む 가라앉다   すばやい 재빠르다   食糧(しょくりょう) 식량   救命(きゅうめい) 구명   積(つ)む 싣다   小島(こじま) 작은 섬   着(つ)く 도착하다   こぐ 젓다   雨水(あまみず) 빗물   ためる 모으다   水中銃(すいちゅうじゅう) 수중총   エビ 새우   魚(さかな) 생선   王様(おうさま) 왕   食事(しょくじ) 식사   通(とお)りがかり 마침 그곳을 지나감   救助(きゅうじょ) 구조   去(さ)る 떠나다   本当(ほんとう)に 정말로   残念(ざんねん)がる 유감스럽게 여기다   一般(いっぱん) 일반   大人(おとな) 어른   あこがれる 동경하다   体験(たいけん) 체험   興味(きょうみ) 흥미   使(つか)いこなす 능숙하게 다루다   不便(ふべん) 불편   最初(さいしょ) 처음   日常品(にちじょうひん) 일상용품   満喫(まんきつ) 만끽

우리들의 대부분은, 무인도에서의 생활에 대해서 비현실적인 이미지를 만들어 왔다. 우리들은 때로는 무인도를, 태양이 항상 빛나는 일종의 낙원이라고 상상하고 있다. 익은 과일이 나무에서 떨어지고, 일할 필요는 전혀 없다. 또 다른 이미지는 전혀 반대이다. 무인도에서의 생활은 심한 것이다. 굶어죽을 것인가, 올 희망도 없는 배를 기다릴 것인가 둘 중 하나이다. 아마 이러한 것들의 이미지의 어느 것에도 다소는 진실이 있겠지만, 그것을 확인할 기회를 가지는 사람은 거의 없다.

최근, 산호초의 섬에서 보냈던 두 사람의 남자는, 거기에 더욱 있고 싶어했다고 말했다. 그들은 상당히 손상된 배를 수리하기 위해서, 버진제도에서 마이애미까지 그 배를 타고 항해했었다. 항해 중, 그들의 배는 가라앉기 시작했다. 그들은 재빨리 식량을 작은 구명고무보트에 싣고, 산호초의 작은 섬에 도착할 때까지 카리브해를 2~3일 저어서 갔다. 섬에는 나무가 거의 없고 물도 없었지만, 이것이 문제가 되지 않았다. 남자들은 빗물을 구명고무보트에 모았다. 그들은 수중총을 가지고 왔기 때문에, 음식은 많이 취할 수 있었다. 그들은 큰 새우나 물고기를 잡고, 「왕과 같은 식사를 했다」고 말했다. 마침 그곳을 지나가던 유조선이 그들을 구조했을 때, 두 사람 다 섬을 떠나야만 하는 것을 <u>정말로 유감스럽게 여겼다</u>.

(28) 본문에 의하면, 무인도에 대해서 일반사람은 어떻게 생각하고 있는가?
1 어른이라면 한 번 정도는 무인도에 대해서 동경하고 있다.
2 여러 사람이 무인도를 체험했기 때문에 별로 흥미가 없다.
3 무인도에서 여러 가지 것도 할 수 있고 아무 것도 할 수 없는 것도 있다.
4 지금의 생활에 맞지 않는 것뿐이지만, 한 번은 가고 싶어하고 있다.

key point

무인도에 대한 생각이 있는 부분은 「時には無人島を、太陽がいつもかがやく一種の楽園だと想像している」와 「無人島での生活はひどいものである」이다. 즉, 낙원과 같은 생활을 상상하면서도 말도 안되는 생활을 할 수 있다는 상반된 생각을 가지고 있는 것이다. 따라서 보기 3번이 정답이 되는 것이다.

(29) 두 명의 남자는 무인도에서 어떤 생활을 했는가?
1 섬에 있는 것을 멋지게 사용하여, 불편없이 보냈다.
2 처음에는 불편했지만 바로 익숙해져서 불편없이 보냈다.
3 가라앉은 배에서 일상용품을 가지고 왔기 때문에 불편없이 보냈다.
4 바로 구조된다고 생각했기 때문에 전혀 걱정없이 보냈다.

key point

「島には木がほとんどなく水もなかったが、このことは問題にならなかった」에서 섬에는 아무 것도 없었으므로 보기 1번은 정답이 될 수 없다. 「男たちは雨水を救命ゴムボートにためた。彼らは〜王様のような食事をしたと言った」에서 무인도에서의 생활을 즐겁게 보냈다는 것을 알 수 있으므로 보기 2번이 정답이 되고, 보기 3번과 4번에 대한 언급은 본문에서 찾아볼 수 없다.

(30) <u>정말로 유감스럽게 여겼다</u>고 하는데 그것은 왜라고 생각되는가?
1 사회로 되돌아가면, 지금의 생활을 만끽하려고 해도 할 수 없기 때문에
2 무인도에서의 생활에서도 별로 불편을 느끼지 않고 있었기 때문에

3 산호초의 아름다움을 두 번 다시 볼 수 없다고 생각했기 때문에
4 사람들의 관심이나 흥미에 싫은 마음이 들었기 때문에

key point

산호초의 섬에서 보냈던 두 사람의 남자는, 무인도에서의 생활에 대해서 나름대로 즐기면서 보냈다. 그것은 「王様のような食事をした」에서도 알 수 있다. 그리고 본문의 내용에서 이 두 사람이 구조를 받기 위한 어떠한 행동을 취하지 않았다는 것도 알 수 있다. 따라서 이들은 섬에서 구조될 때는 시원섭섭함을 느꼈을 것이다. 이러한 내용을 종합하면 보기 2번이 가장 정답에 가깝다는 것을 알 수 있다.

Part 3 (종합이해)

(1) 4　(2) 2

遠方 먼곳　住む 살다　友達 친구　相談 상담　受ける 받다　返事 답변　送る 보내다　後 뒤　他 다른　教える 가르치다　お礼 답례　恩着せがましい 생색내는 것 같다, 공치사같다　補足 사족　先日 전날　占い 점　気が済まない 후련해지지않다　性格 성격　気にする 신경쓰다　当たり前だ 당연하다　真剣に 진지하게　考える 생각하다　意外 의외　友人 친구　重要 중요　気持ち 마음　助かる 도움이 되다　付き合い方 교제방법　必ず 반드시　勇気 용기　頑張る 노력하다　泣く 울다　嬉しい 기쁘다　返す 돌려주다　相手 상대방　それっきり 그것뿐　同じ 같음　割り切る 딱잘라 결론을 내다　似る 닮다　経験 경험　心配 걱정　結果 결과　決して 결코　むしろ 오히려　遠距離 원거리　一方的に 일방적으로　フォロー 뒤따름　そもそも 애당초　自身 자신　行動 행동　起因 기인　本当に 정말로　状況 상황　伝える 전하다　便り 소식, 기별　数多い 수많다　無礼 무례　平凡 평범　おかしい 이상하다　謝る 사과하다　我慢する 참다

상담자
먼 곳에 살고 있는 친구로부터, 자주 메일로 상담을 받습니다. 하지만, 답변을 보낸 뒤의 대답이 없습니다. 그 뒤 어떻게 되었는지 아무 것도 모르는채로 지냅니다. 잠시 지나면 또 다른 상담메일이 보내져 오는 경우도 자주 있습니다. 「어떻게 되었는가 가르쳐 줘」라고 말해도 답변이 없습니다.
답례를 받고 싶은 것도 아닙니다만, 우선 뭔가 답변을 원한다고 생각하는 것은 생색내는 것일까요?

사족
전날, 텔레비전의 점 같은 것에서 뭔가를 한 것에 대해서 답례를 받지 않으면 찜찜하고 생색내는 것 같은 성격이라고 말했기 때문에, 다른 사람들은, 답례를 받지 않아도 신경 쓰지 않는 것인가 라고 생각했습니다. 하지만, 상담을 하면 답례를 하는 것은 당연한 것이죠?

답변자 : A
이쪽이 진지하게 생각하고 있는데, 의외로 그 친구는 상담을 받는 일이 중요하지 않습니다. 하지만, 답변을 원한다는 당신의 기분도 매우 이해됩니다. 「도움이 되었어, 고마워」라는 것으로 충분하죠. 그것이 다른 사람과 어울리는 방법이라고 생각합니다.
저는 상담을 하고 어드바이스를 받았을 때에는 반드시 「용기를 얻었어」라던가 「노력하겠습니다」라던가 상담에 응해 주면, 울고 싶을 만큼 저도 기쁩니다. 때문에, 그러한 마음을 모르는 친구에게는 상담메일이 와도 답변을 하지 말고, 상대방도 그것으로 끝이라면(답변이 없다면) 이쪽도 마찬가지야(상담에 응하지 않을 거야) 라

고 딱 잘라 말하는 편이 좋겠죠. 만일「어떻게 된 거야! 상담에 응해 주지 않을 거니?」라고 메일이 오면 당신의 마음을 친구에게 말하는 편이 좋겠죠.

답변자 : B
저도 비슷한 경험이 있습니다. 그것은 상담을 받으면 걱정이 되고, 상담을 받고 어드바이스를 한 것이라면, 결과를 알고 싶어지는 것은 당연합니다. 결코 생색내는 것이라고는 생각하지 않습니다. 오히려 원거리에 살고 있는 그 친구도 일방적으로 상담만 해 오고, 그것의 답변이 없다는 것은, 그러한 상담일도 애당초 그 사람 자신의 행동에 기인하는 것은 아닐까요?
신경이 쓰인다면 상담도 응해주지 않아도 되는 것은 아닐까요? 정말로 걱정하고 있어, 상황을 가르쳐주어도 되지 않아? 라고 전하는 것도 좋을지도 모르겠습니다.

(1) 상담자의 고민은 무엇인가?
1 아주 오래 전부터 친구로부터의 소식이 없어서 항상 걱정하고 있다.
2 친구로부터의 수많은 상담 때문에 자신의 일을 못한다.
3 상담하기 어려운 것만 물어보는 친구가 싫다.
4 친구가 무례하다고 생각하는 것은 자신의 성격 때문일까!

key point

상담자의 고민에 대해서 언급되어 있는 문장을 살펴보자.「返事を送った後の返事がありません」「どうなったのか教えてねと言っても返事がありません」에서, 친구로부터 상담을 부탁받아서 답변을 해도, 그에 대한 대답이 없는 것에 대해서 조금은 불만을 가지고 있는 것을 알 수 있다. 그리고「お礼を言われたいわけでもないのですが、とりあえず何か返事がほしいと思うのは恩着せがましいでしょうか」와「お礼を言われないと気が済まない恩着せがましい性格と言われたので」에서 상대방으로부터 답례인사를 받아야만 하는 것이, 자신의 성격 때문인지에 대해서도 고민을 하고 있는 것을 알 수 있다. 따라서 정답은 보기 4번이 되는 것이다.

(2) 답변자 A, B의 어드바이스 중에서 바른 것은 어느 것인가?
1 A도 B도 상담자에게 그 정도의 일은 참는 편이 좋다고 서술하고 있다.
2 A도 B도 상담자는 평범한데, 친구 쪽이 이상하다고 서술하고 있다.
3 A는 친구로부터 답변이 없는 것은 이상하다고, B는 그런 친구와는 만나지 않는 편이 좋다고 서술하고 있다.
4 A는 상담자 쪽이 사과하는 편이, B는 친구가 사과해야만 한다고서 술하고 있다.

key point

우선 답변자 A의 의견을「でも返事が欲しいと言うあなたの気持ちもすごく分かります」와「そういう気持ちのわから

ない友人には～相手もそれっきりならこっちも同じだよと割り切ったほうがいいでしょう」, B의 의견「談されてアドバイスしたのであれば、結果を知りたくなるというのは当たり前です」와「そういう相談事もそもそもその方自身の行動に起因するのではないでしょうか」에서 상담자의 행동은 지극히 평범하다고 말하면서, 친구가 이상하다고 언급하고 있다. 그리고 상담자에게 참는 편이 좋다고 언급한 부분이 없기 때문에 보기 1번은 정답이 될 수 없고, B답변자가 친구와 절교하는 편이 좋다고 한 부분도 없으므로 보기 3번도 정답이 될 수 없다. 그리고, A도 B도 누구로부터의 사과를 받으라고 언급하지 않았기 때문에 보기 4번도 정답이 아니다.

(3) 1 (4) 1

育児 육아 いらいら 안달, 조바심, 초조해하다 子供 아이 手がかかる 손이 많이 가다 ちょっとした 자그마한 きつい 심하다 怒る 화를 내다 赤ちゃん 아기 怒鳴る 호통치다 夜 저녁 寝る 자다 毎日 매일 どうしても 아무리 하여도 繰り返す 반복하다 主人 남편 仕事 일 週 주 来月 다음달 一番 가장 保育所 보육원 入る 들어가다 復帰 복귀 両立 양립 不安 불안 もともと 원래 働く 일하다 産後 산후 今回 이번 やむを得ず 어쩔 수 없이 育休 육아휴직 完全 완전 怠け癖 게으름 피우는 버릇 意欲 의욕 わく 솟다 本当 사실 優しい 상냥하다 母親 어머니 失格 실격 大変だ 힘들다 絶対的 절대적 必要性 필요성 不安定 불안정 動詞ます形+つつある ~하는 중이다 気がする 느낌이 들다 預ける 맡기다 ますます 점점 旦那 남편 他人 타인 育てる 키우다 リスク 위험 べったり 찰싹 向き合う 마주보다 足りる 충분하다 謝る 사과하다 産まれる 태어나다 責任 책임 理不尽 부당함 害する 해를 주다 のんびり 느긋함 べたべた 바싹 달라붙음 ため息をつく 한숨을 쉬다 向く 적합하다 子育て 양육 半分 반 保育園 보육원 手伝う 돕다 離れる 떨어지다 分 몫 迎える 맞이하다 ぎゅっと 꽉 経済的 경제적 減る 줄다 寂しい 외롭다 短い 짧다 起きる 일어나다 目標 목표 なかなか 좀처럼 やる気 의욕 巻き込む 말려들다, 휩쓸리다 お姉ちゃん 언니, 누나 応援 응원 たぶん 아마 しっかり 똑똑히, 착실히

상담자
육아에 관한 것으로 항상 애태우고 있습니다.
한 살의 아이가 아직 손이 많이 가기 때문에 항상 애태우고 있습니다. 위의 두 명의 아이는 자그마한 일에도 심하게 화를 내거나, 아직 한 살의 아기에 대해서도 화를 내거나 해 버립니다. 밤에, 아이가 자고 나서『왜 그렇게 화를 내버리는 것일까?』라고 매일 생각합니다만, 어떻게든 (화를 내는 일이) 반복되어 버립니다.
남편은 일 때문에 주에 하루밖에 집에 없습니다. 다음 달부터는,

가장 밑의 아이도 보육원에 들어갑니다만, 일에 복귀하기 때문에, (일과 육아를) 멋지게 양립할 수 있을지 불안합니다. 원래는 일을 하는 것을 좋아해서, 첫 번째와 두 번째 아이를 낳았을 때는 산후에 바로 일에 복귀했습니다. 이번 만큼은 (막내를) 보육원에 넣지 않고, 어쩔 수 없이 1년 간 육아휴가를 받았습니다만, 완전히 게으름을 피우는 버릇이 생겨버려, 전처럼 일을 하는 것에 의욕이 생기지 않습니다.
사실은 좋은 어머니가 되고 싶습니다만, 지금의 나는 정말로 어머니로서 자격이 없구나 라고 생각합니다. 어떻게 하면 애태우지 않고 즐겁게 육아를 할 수 있을까요?

답변자 : A
힘들다고 생각합니다. 그러나, 일을 할 절대적인 필요성이 있습니까? 왠지 위의 아이들이 불안정하게 될 것 같은 느낌이 듭니다만, (아이를 다른 곳에) 맡기고 일을 하면 점점 더 좋지 않을 것 같습니다. 남편분도 별로 안 계시는 것 같고, 어머니까지 집에 없고, 다른 사람에게 키우게 하는 것은 너무 위험성이 큰 듯한 기분이 듭니다. (하루종일) 매일 들러붙어 있는 어머니도 힘들다고는 생각합니다만…. (아이와) 마주 보는 시간은 충분합니까? 화를 낸 뒤에는 사과하고 있습니까? 엄마가 애가 타…미안…이라던가….
위의 아이들 입장으로는, 또 아기가 태어난 것은 자신들의 책임이 아니고, 부당한 듯한 느낌이 들 것입니다. 마음을 상하게 했다면 죄송합니다.

답변자 : B
네 살 남자아이와 한 살의 여자아이가 있습니다. 저도 다음 달부터 직장으로 복귀합니다.
어머니로서 좋지 않다고 생각하면서 매일 천하태평인 네 살짜리 아이에게 애태우고, 늘 붙어있는 한 살짜리 아이에게 한숨만 쉬고 있습니다. 아마 (저는) 24시간 어머니로서의 일을 하는 것이 적합하지 않다고 생각합니다.
위 아이를 낳고 직장에 복귀 했을 때도, 양육의 반은 보육원의 도움을 받았고, 조금 아이가 떨어져 있으면, 그러한 만큼 데리러 갔을 때에 힘껏 안아줄 수도 있으며, 경제적인 것의 걱정도 줄고, 좋은 경우도 많았습니다. 물론, 아이들에게 외로운 마음을 들게 합니다만, 애태우는 어머니가 24시간 옆에 있는 것보다, 짧은 시간이라도 널 정말 사랑해 라고 말을 해줄 수 있는 쪽이 좋다고 생각합니다.
네 살짜리 아이에게 「4월부터는 엄마는 일을 하니까, 8시까지는 밥을 먹자, 엄마도 6시에 일어나도록 노력할 테니까」라며 캘린더에 이번 달의 목표를 썼습니다. 혼자라면(엄마 혼자서 계획을 세우면) 좀처럼 의욕도 생기지 않습니다만, 아이를 끌어 들여(아이와 함께) 노력하고 있습니다.
아홉 살 누나는 틀림없이 응원해 줄 것입니다. 아마 네 살 남자아이도 「나도 노력해야겠어」라며 착실히 해 줄 것입니다.

(3) 상담자의 고민은 무엇인가?
1 육아와 직장으로 돌아가고 싶은 마음이 생기지 않는 것을 어떻게 하면 좋은가?
2 양육을 전혀 도와주지 않는 남편을 어떻게 하면 좋은가?
3 일과 육아를 양립하기 위해서는 어떻게 하면 좋은가?
4 어린 아이에게 무엇을 시키면 좋을지 모르겠다.

key point

상담자의 고민이 있는 문장을 살펴보면, 「育児のことでいつもいらいらしています:육아에 대한 고민」「仕事に復帰するためうまく両立できるか不安です:일 복귀에 대한 고민」이다. 그리고「やむを得ず１年間育休をとりましたが、完全に怠け癖がついてしまい、前みたいに働くことに意欲がわきません」에서 보면, 상담자는 아직 일에 복귀하지 않았음을 알 수 있다. 따라서 상담자의 고민은 일과 육아의 양립이 될 수 없으므로 보기 3번은 정답이 될 수 없다. 본문에서는 남편의 일에 대한 소개만 있고, 남편이 육아를 돕지 않는다는 내용은 없으므로 보기 2번도 정답이 아니다. 보기 4번은 상담자가 안고 있는 고민이라고 유추를 할 수 있지만, 본문에 정확하게는 나와 있지 않고, 전체를 지배하는 고민도 아니다.

(4) 답변자 A, B의 어드바이스 중에서 바른 것은 어느 것인가?
1 A는 일보다 육아에 전념하는 편이 좋다는 것을, B는 상담자가 제대로 하면 양립할 수 있다고 서술하고 있다.
2 A는 일과 육아를 양립하는 것의 어려움에 대해서, B는 자신의 경험에서 나온 어드바이스를 서술하고 있다.
3 A는 양육의 소중함에 대해서, B는 아이는 항상 무리한 말을 하기 때문에 무시하는 편이 좋다고 서술하고 있다.
4 A는 상담자의 육아의 문제점에 대해서, B는 아이의 마음을 이해하면서 일을 하는 편이 좋다고 서술하고 있다.

key point

A의 의견을 살펴보면, 「働く絶対的必要性があるのですか:일을 굳이 할 필요가 있는가?」「他人に育ててもらうのって、あまりにもリスクが大きいような気がしてしまいました:양육은 부모가 하는 편이 안전하다」「気分を害されたらごめんなさい:상대방이 원하는 대답보다는 상대방의 행동에 대한 질책」에서, 양육과 일의 양립보다는 아이를 위해서 부모가 양육을 하는 편이 좋다고 언급하고 있다. 그래서 보기 1번과 3번이 정답이 된다. B의 의견을 살펴보면, 「上の子の職場復帰の時も、〜いいことも多かったです:양육과 일의 양립의 좋았던 점」「４月からはお母さんは仕事だから、〜お母さんも６時に起きるようにがんばるね:어머니가 계획을 세워서 일과 양육을 한다」「９歳のお姉ちゃんはきっと応援してくれますよ:아이도 부모의 일을 이해하고 있다」에서, 양육과 일은 상담자의 행동에 따라 가능하다고 설명하고 있으므로, 정답은 보기 1번이 되는 것이다.

(5) 2   (6) 4

女性 여성   図書館 도서관   事務 사무   補助 보조   仕事 일

次 다음	希望 희망	外 밖	営業 영업	店内 가게 안	接客 접객
向く 적합하다	辞める 그만두다	大学 대학	書類 서류	送り続ける 계속 보내다	不採用 미채용
面接 면접	～でさえ ~조차	受ける 받다	履歴書 이력서	書き方 쓰는 방법	駄目だ 안좋다
周り 주변	求める 요구하다	知人 아는 사람	やはり 역시	民間 민간	バリバリ 부지런히
働く 일하다	受かる 합격하다	努力 노력	助言 조언	頂く 받다	以前 이전
職員 직원	経験 경험	大局的 대국적	しっかり 똑바로, 제대로	説明 설명	自発性 자발성
例えば 예를 들면	研究 연구	協力 협력	部署 부서	教官 교관	関わる 관련되다
取り組む 몰두하다	支援 지원	国際 국제	交流 교류	政府 정부	掲げる 내걸다
留学生 유학생	計画 계획	達成 달성	向ける 향하다	頑張る 열심히 하다	はっきり 분명히
少子 출생률 저하	高齢化 고령화	迎える 맞이하다	正直 정직	崖っぷち 벼랑 끝	追い込む 내몰다
現状 현상태	目的 목적	是非 꼭	狙う 목표로 하다	方針 방침	動く 움직이다
探る 찾다	微力 미력	質問者 질문자	～なりに ~나름대로	部分 부분	積極的 적극적
人材 인재	～次第だ ~에 달려있다	場合 경우	職場内 직장 내	協調性 협조성	そつなく 야무지게
こなす 처리하다	状況 상황	推測 추측	保守的 보수적	出すぎず逆らわず 너무 나대지 않고, 거스르지 않음	真面目だ 성실하다
素直だ 순수하다, 정직하다	在り方 존재방식	当然 당연	急ごしらえ 급조	整える 갖추다, 정비하다	日頃 평소
生活 생활	もたらす 초래하다	人間性 인간성	募集 모집	自体 자체	公募 공모
予め 미리	決まる 정해지다	母校 모교	～限り ~한	感じる 느끼다	転職 전직
役に立つ 도움이 되다	磨く 연마하다	辛さ 괴로움	備える 대비하다		

상담자

23세의 여성입니다. 지금은 아무 것도 하고 있지 않지만, 전에는 두 달이기는 해도 도서관에서 사무보조의 일을 했습니다. 그래서 다음 일도 사무를 희망하고 있습니다. 밖에 나가서 영업을 하거나 가게 안에서 접객을 하거나 하는 일은 별로 맞지 않습니다. 그래서, 전의 일을 그만두고 나서 지금까지 대학의 사무 (파트타임)에 서류 (이력서 등)를 계속 보내고 있습니다만, 계속 채용되지 않고 있습니다. 면접조차 받지 못하고 있습니다. 이력서 쓰는 방법이 잘못되지 않았는가 라고도 생각했습니다만, 주변 사람에게 물어보았더니 그렇지도 않은 것 같습니다.
내학의 사무 (파트타임) 일은 어떤 사람을 구하고 있는 것일까요? 친구나 아는 사람 중에는, 그러한 일을 하고 있는 사람이 아무도 없기 때문에 물어볼 수도 없습니다. 역시 민간에서 부지런히 일을 하는 쪽이 채용되는 것일까요? 저는 어떻게 해서든 일을 하고 싶은 대학이 있습니다. 거기에 합격하기 위해서는 어떠한 노력을 하면 좋을까요? 조언을 주시면 감사하겠습니다.

답변자 : A
안녕하세요.
이전에 대학직원으로 일한 경험이 있는 사람입니다. 대국적인 말씀을 드리자면, 지금 대학이 요구하고 있는 것은「무엇을 하고 싶어서 대학에서 일을 하고 싶은 것인가?」를 확실히 설명할 수 있는 듯한 자발성을 가진 사람입니다. 예를 들면, 연구협력의 부서에서 교관의 연구비와 관련된 일을 하고 싶어서 지원했다던가. 국제교류의 부서에서 정부가 내걸고 있는「유학생 30만 명 계획」달성을 향해서 열심히 일을 하고 싶다는 등등….
분명히 말하자면, 출생률저하, 고령화를 맞이하여, 솔직히 대학도 벼랑 끝에 내몰려 있는 것이 현 상태이고, 분명한 목적을 가지고「내가 대학을 이렇게 하고 싶다」라고 생각할 수 있는 사람을 파트타임에서도 요구하고 있습니다.
반드시 대학에 도전할 것이라면, 목표로 하고 있는 대학이 어떠한 방침으로 움직이고 있는가를 살펴주세요. 그리고 미력하더라도 질문을 하신 분 나름대로 힘이 되고 싶은 부분을 적극적으로 어필해 주세요. 그런 인재를 지금의 대학은 요구하고 있습니다. 최선을 다 하세요!

답변자 : B
대학의 사무에서 어떤 인재를 요구하고 있는지는, 각 대학에 따라 다릅니다. 물론 그 나름대로 일을 할 수 있는 사람을 구하는 경우도 있습니다만, 직장 내에서 협조성을 가지면서도, 야무지게 일을 처리하는 사람이 요구되는 상황이 많다고 추측합니다. 어느 쪽인가 하면 부지런히 하는 것보다도, 보수적이라고도 생각할 수 있는 직장으로서, 너무 나대지 않고, (상사의 명령을) 거스르지 않는 이른바, 예스맨에 가까운 인재를 원한다고 볼 수 있는 것입니다. 성실하거나, 정직성 등이 부지런히 하는 것보다 중시되는 것이 보수적인 많은 직장에서의 인재의 존재방식이라고 생각 할 수 있는 부분입니다. 당연히, 성실하고 정직한 것은 갑자기 만들 수 있는 것은 아니기 때문에, 평소부터의 생활에서 만들어진 인간성의 부분이 되는 것입니다.
그런데 모집자체는 공모입니다만, 채용자가 미리 정해져 있는 듯한 경우도 많다고, 한정된 것이지만 모교를 보거나 듣거나 해서 느낍니다.

(5) 상남사에 대해서 바른 것은 어느 것인가?
1 도서관에서 사무일을 하면서 전직을 하려고 하고 있다.
2 대학 등에서 일을 하고 싶지만 어떻게 하면 좋을지 모르는 것 같다.
3 도서관에서 국제교류랑 서류정리 등의 일을 하고 싶어한다.
4 대학에서 일을 하고 있는 친구나 아는 사람은 아무 것도 도움이 되지 않는 것 같다.

key point

각각의 보기를 살펴보자.

1 「今は何もしていないんですが」에서 지금은 일을 하고 있지 않기 때문에 정답이 될 수 없다.
2 「大学の事務（パート）に書類を送り続けているのですが」와 「私はどうしても働きたい大学があります」에서 상담자는 대학에서 일을 하고 싶어하는 것을 알 수 있고, 「そこに受かるためにはどのような努力をすればいいでしょうか」에서 그 조언을 구하고 있다는 것을 알 수 있다.
3 A답변자가 본문에서 언급하고 있는 어휘가 나와 있으므로 정답이 아니다. 질문은 상담자와 관련된 것이다.
4 「友達や知人の中にはそういう仕事をしている人が誰もいないので」에서 상담자 주변에는 대학에서 근무하고 있는 사람이 없다는 것을 알 수 있다.

(6) 답변자 A, B 의 어드바이스 중에서 바른 것은 어느 것인가?
1 A는 자신의 경험에서 나온 어드바이스를 하고 있지만, B는 지금의 자신을 더욱 연마하고 나서 취업하는 편이 좋다고 서술하고 있다.
2 A는 대학에서의 일의 괴로움에 대해서, B는 지금의 대학에서 요구하고 있는 인재와 그것에 대비하는 방법에 대해서 서술하고 있다.
3 A도 B도 상담자의 문제점과 앞으로 어떻게 하면 대학에서 일을 할 수 있는가에 대해서 서술하고 있다.
4 A는 대학에서 면접을 받을 때의 방법을, B는 대학에서 요구하고 있는 인재에 대해서 서술하고 있다.

key point

각각의 보기를 살펴보자.
1 「以前に大学職員として働いた経験がある者です」에서 A의 어드바이스는 맞다. 하지만, B는 지금의 대학의 현실에 대해서만 언급하고 있고, 상담자에게 직접적인 조언은 하고 있지 않다.
2 A는 대학에서 일을 하기 위해서는 어떻게 해야 하는가에 대한 조언을 하고 있으므로 정답이 될 수 없다. B는 조금은 일리 있는 내용이지만, 대학에서의 일을 하기 위한 대비법에 대해서는 언급하지 않았다.
3 A도 B도 대학에서 일을 하기 위한 방법은, 직접적이든 간접적이든 제시했다. 하지만, 상담자의 문제점에 대해서는 다루지 않았다.
4 A는 「教官の研究費に関わる仕事に取り組み支援したいとか」와 「達成に向けて頑張っていきたいなどなど」에서 면접방법에 대한 조언을 하고 있고, B는 「職場内で協調性を持ちつつも、～イエスマンに近い人材が欲しいと見ることも出来るわけです」에서 지금의 대학의 사정을 설명하면서 요구하는 인재에 대한 설명을 하고 있다.

(7) 2 (8) 4

昨日 어제　買い物 쇼핑　紙おむつ 종이기저귀　安い 싸다
他 다른　帰る 돌아오다　レシート 영수증　店頭 점두　表

示 표시　価格 가격　合計 합계　電話 전화　確認 확인　先週 지난주　特売 특매　はがし忘れる 때는 것을 잊다　今回 이번　特別 특별　次回 다음번　返金 꾸었거나 맡았던 돈을 도로 돌려줌. 또는 그 돈　主人 주인　わざわざ 일부러　クレーマー 상품의 결함, 손님의 대응방법 등에 대해서 지나치게 불평을 하는 사람　レジ 계산대　悪い 나쁘다　納得 납득　従事 종사　意見 의견　問い合わせ 문의　私ども 저희들　間違い 잘못, 실수　指摘 지적　迷惑をかける 폐를 끼치다　大変 매우　都合 사정　訪問 방문　謝罪 사죄　対応 대응　正しい 바르다　ネタ 소재, 기사거리　脅す 위협하다, 협박하다　タカリ行為 공갈행위　行う 행하다　絶対的 절대적　断る 거절하다　区役所 구청　連絡 연락　営業 영업　停止 정지　罰 벌　受ける 받다　とにかく 여하튼　勘定 계산　終わる 끝나다　場 자리　必要 필요　苦情 불평　主婦 주부　基本 기본　家計 가계, 살림　預かる 맡다　差 차이　上乗せ 덧붙임, 추가　嬉しい 기쁘다　起きる 일어나다　ただ 단지　納得 납득　賞味期限 유통기한　悪口 욕　訴える 호소하다, 고발하다　立場 입장　典型的 전형적　自治体 지방자치단체　消費者 소비자　権利 권리　叱る 꾸짖다

상담자
어제 쇼핑 갔더니, 아이의 종이기저귀가 쌌기 때문에 3팩을 샀습니다. 다른 것도 여러 가지 샀습니다. 돌아와서 영수증을 보니, 싸다고 생각해서 샀던 기저귀가 싸지 않다…점두표시가격보다 2백 엔이나 비쌌습니다. 3개 샀기 때문에 합계 6백 엔입니다. 전화로 가게에 확인했더니, 지난 주까지 특매로 팔면서 붙였던 가격표를 떼어 내는 것을 잊었다는 것이었습니다. 이번에는 특별히 점두표시가격으로 해줄 수 있는 것 같아서, 다음 번에 영수증을 가지고 오면, 6백 엔을 돌려준다고 합니다.
남편에게 그 말을 하자, 그런 것을 일부러 전화로 말하는 것은 클레머라고 말을 했습니다. 계산대에서 확인하지 않았던 저도 나쁠지도 모르겠습니다만, 저에게 있어서 6백 엔은 큽니다. 저는 클레머일까요? 이런 일은 지나치게 하지 않는 편이 좋은 것일까요? 아무리 생각해도 남편의 이야기는 납득을 할 수 없고, 게다가 제가 클레머라고도 생각하지 않습니다. 여러분! 어떻게 생각합니까?

답변자：A
안녕하세요.
저는 서비스업에 종사하고 있습니다. 당신과 같은 의견・문의에 대해서는 「저희들의 실수를 지적해 주셔서 감사합니다. 또, 폐를 끼쳐서 대단히 죄송합니다. 시간이 괜찮을 때, 방문해 주시면, 사죄와 돈을 돌려 드리겠습니다」라는 대응이 되는 것이 바르다고 생각합니다. 가게의 실수를 지적하는 것은 클레머가 아닙니다. 클레머라고 하는 것은, 실수를 어떠한 거리로 삼아 협박하거나 공갈행위를 행하는 것입니다.
이번에는 절대적으로 가게 쪽이 나빴기 때문에. 가게에 가서 돈을

받고 나서, 사죄해 주기를 바란다고 말씀해 주세요. 만일, 가게 쪽이 거절하면 구청 등에 연락하면, 영업정지 등의 처벌을 받습니다. 물론 그렇게까지는 안할 거라고 생각합니다만, 여하튼 당신은 클레머가 아닙니다.

답변자 : B
쇼핑을 하고, 계산이 끝났다면 바로 그 자리에서 반드시 가격을 확인하는 것은 필요하죠. 저는 그렇게 생각합니다. 틀림없이 다른 것에도 비슷한 불만이 있었던 것은 아닐까요? 영수증을 확인하는 것은 주부의 기본이 아닐까요? 살림을 하는 주부에게 있어서 비록 2백 엔의 차이라도, 싼 편이 좋겠죠. 남편분 역시 점심을 사먹는데, 6백 엔을 더 드려서 드시게 한다면 기쁠 텐데…. 저도 이런 일이 일어나면, 당신과 마찬가지로 반드시 전화를 할 거라고 생각합니다. 하지만, 항상 영수증을 확인하는 것을 잊지 말아주세요. 그러나 당신은 클레머는 아닙니다. 단지, 납득이 안가는 부분을 확인했던 것뿐입니다.

(7) 상담자의 불만은 무엇인가?
1. 가게에 영수증을 가지고 갔는데, 주인은 변명을 하면서 돈을 돌려주지 않았다.
2. 영수증을 확인하지 않았던 자신의 실수도 있지만, 가게의 대응도 전혀 납득이 가지 않는다.
3. 유통기한이 끝난 상품을 팔거나 돈을 돌려주지 않거나 하는 가게의 태도
4. 물건의 가격은 싸지만, 항상 손님을 욕만하는 가게의 주인

key point

상담자가 불만을 토로하고 있는 부분을 살펴보면, 「今回、特別に店頭表示価格にしていただけるようで、次回、レシートを持っていくと6百円返金してくれるそうです」에서 가게는 단순한 실수이므로, 돈에 대해서는 환불을 해 주지만, 사과는 하지 않고 있다는 것을 알 수 있다. 그리고 「レジで確認しなかった私も悪いかもしれませんが」에서 자신의 잘못에 대해서도 인정을 하고 있으므로 보기 2번이 정답이 된다. 보기 1번은 아직 영수증을 가게에 들고 간 것이 아니므로 정답이 될 수 없다. 보기 3번은 지문에서 전혀 언급하지 않았고, 가게의 주인이 항상 손님에게 욕을 했던 것이 아니므로 보기 4번도 정답이 될 수 없다.

(8) 답변자 A, B의 어드바이스 중에서 바른 것은 어느 것인가?
1. A는 가게가 영업정지가 되도록 고발하는 것과, B는 주부로서의 상담자의 실수를 서술하고 있다.
2. A는 상담자와 같은 경험을 한 입장에서, B는 상담자가 전형적인 클레머라고 서술하고 있다.
3. A는 바로 지방자치단체에 연락하는 편이 좋다고, B는 가게도 상담자도 나쁘다고 서술하고 있다.
4. A는 소비자로서의 권리를 분명히 하는 편이 좋다고, B는 상담자는 클레머는 아니지만, 실수를 저지른 것에 대해서 꾸짖으면서 서술하고 있다.

key point

답변자 A가 주장하는 내용을 보면,「店に行って返金してもらう上で、謝罪してほしいとおっしゃってください」에서 상담자는 소비자로서의 권리를 가게에 주장하는 것이 좋다고 언급하고 있다. 그것에 반해, 답변자 B는「その場できちんと価格を確認することは必要ですよね」와「レシートを確認するのは主婦の基本ではないでしょうか」에서 상담자의 잘못을 지적하고 있지만, 마지막 단락의「あなたはクレーマーなんかではありません」에서 상담자는 클레머라고 아니라고 말하고 있다. 따라서 정답은 보기 4번이 되는 것이다.

(9) 2 (10) 3

近所 이웃　両隣 양쪽이웃, 근처 이웃　離れる 떨어지다　監視 감시　気になる 신경쓰이다　とにかく 여하튼　結構 상당히　引きこもる 틀어박히다　言いふらす 퍼뜨리다, 소문 내다　困る 곤란하다　大変だ 힘들다　時期 시기　泣き声 울음소리　怒鳴る 호통치다　いっさい 일절　もっぱら 오로지　この間 이전　相手 상대방　別に 딱히　気分 기분　全然 전혀　考える 생각하다　暇だ 한가하다　それとも 그렇지 않으면　性格 성격　たまには 가끔　鳴らす 울리다　若い 젊다　我が家 우리집　裏民家 뒤에 있는 민가　年配 연배, 또래　夫婦 부부　覗き見 들여다 봄　何度 몇 번　見渡す 바라보다, 들러보다　一応 일단, 우선　ミラーカーテン 거울을 커튼처럼 만든 것　向こう 맞은편　諦め 포기　出かける 외출하다　確認 확인　玄関 현관　横 옆　皆 모두　近所付き合い 이웃과 어울리는 것　仕方ない 어쩔 수 없다　一種 일종　楽しみ 즐거움　趣味 취미　怖い 무섭다　孤独 고독　専業 전업　幼児持ち 유아를 가지고 있음　井戸端会議 쑥덕공론　寒い 춥다　活動 활동　休止 휴지, 중지　暖かい 따뜻하다　冬眠 동면　覚める 깨다　親子 부모자식　道路 도로　湧く 솟다, 솟아나다　井戸端ボス 헛된 이야기를 만들어 가는 중심이 되는 사람　取り巻き 추종자　おしゃべり 수다　中心 중심　その他 그외　相づちを打つ 맞장구를 치다　ネタをふる 거리를 제공하다　様子 모습　オブザーバー 옵서버, 회의에 출석할 수 있지만 의결권을 갖지 못한 사람　数名 몇 명　群れる 무리를 짓다　暗い 어둡다　円陣を組む 둥글게 진을 치다(모이다)　時には 때로는　驚く 놀라다　笑い声 웃음소리　嬌声 교성　道行く 길가다　嫌いだ 싫다　悪口 욕　出所不明 출처불명　うわさ 소문　流す 흘리다　教養 교양　大人 어른　下品 천함, 품위가 없음　顔つき 인상　本人 본인　存外 예상외임, 의외로　楽しい 즐겁다　結局 결국　他人 타인　詮索 탐색함, (속속들이) 추구함　不安 불안　表れ 표현　自信 자신감　自立心 자립심　かつ 게다가　嫌がらせ 짓궂음, 괴롭힘　下劣 비열함, 야비함　気の毒 딱함　迷

惑 민폐　以外 이외　何者 누구, 아무　ウンザリ 질림　あいさつ 인사　さっさと 재빨리　退散 해산, 흩어짐　価値 가치　無難 무난　積極的 적극적　対処 대처　抗議 항의　状態 상태　仕様がない 어쩔 수가 없다　精神 정신

상담자
이웃과 관련된 일로 묻고 싶은 것이 있습니다만. 근처의 이웃과 조금 떨어져 있는 이웃사람이 감시를 하고 있습니다. 제가 신경 쓰이는 것 같은데, 여하튼 뭐든지 물어보러 오고, 감시를 하고 있습니다. 이전에는 「집에 틀어박혀 있군요」라고 말을 했습니다. 또 저와 관련된 일을 이웃에게 퍼뜨리고 있기 때문에 난처합니다. 아이도 3살과 1살이기 때문에, 힘든 시기여서 울음소리나 저의 호통치는 소리가 들릴지도 모릅니다. 하지만, 그것에 대해서는 전혀 물어보거나 하지 않습니다. 오로지 저와 관련된 일만 물어보거나 하기 때문에 매우 곤란합니다. 이전에 상대방에게 「그러한 말을 들으면 싫습니다」라고 말했더니, 「딱히 뭘 그러세요?」라고 대답을 했습니다. 상대방은 이쪽의 마음을 전혀 생각하지 않는 것 같습니다. 감시를 하는 사람은, 한가하기 때문에 다른 사람이 신경 쓰이는 것 같습니까? 그렇지 않으면 그 사람의 성격입니까? 제가 감시받고 있는 것을 생각하면 아무 것도 할 수 없습니다. 가끔은 집에서 느긋하게 보내고 싶은데, 또 벨을 울리거나….
저를 감시하는 사람은, 60대도 있고, 젊은 30대도 있습니다. 어떻게 하면 좋을까요?

답변자 : A
우리집은, 뒤쪽에 있는 민가의 또래 부부에게 감시받고 있습니다. 흠, 엿보는 것입니다만, 우리집이 신경 쓰이는 것 같아, 매일 몇 번이나 뒤쪽으로 와서는 우리집을 둘러다 봅니다. 일단, 거울로 커튼처럼 만들어서 건너편에서는 우리집이 보이지 않도록 했는데, 포기도 하지 않고 보고 있습니다. 제가 외출하지 않았는가의 확인도, 차가 있는가 없는가도 보러 현관 앞이나 옆으로 와서는 체크하고 자기 집으로 돌아갑니다. 여러 이웃에게 뒤에 사는 아주머니가, 우리들과 관련된 것을 모두에게 퍼뜨리고 있는 것 같습니다. 아무데도 가지 않는 민가이기 때문에 집에 부부가 틀어박혀 있으며, 이웃과도 어울리지 않아, 한가하기 때문에 어쩔 수 없다고 생각합니다. 일종의 즐거움의 취미(우리집의 감시)라고 생각합니다. 어머니친구도 우리집에 놀러왔을 때에, 뒤쪽에 있는 민가가 우리집을 바라보고 있기 때문에 무섭다고 말할 정도입니다.
당신 이웃인 60대, 30대 사람도 고독하고 외롭기 때문에 신경이 쓰여서 어쩔 수 없는 것이라고 생각합니다.

답변자 : B
우리집의 이웃분들은 전업주부가 많고 아이를 가지고 있으며, 쑥덕공론만 하고 있습니다. 지금은 춥기 때문에 활동을 중지하고 있습니다만. 따뜻해지면 동면에서 잠을 깬 모자가 도로에 많이 쏟아져 나옵니다.
쑥덕공론을 이끄는 사람과 그 추종자가 수다의 중심으로, 그 외는 맞장구를 치는 것뿐이며, 자신은 이야깃거리를 만드는 모습이 없는 주변인과 같은 멤버가 몇 명 있습니다. 전업주부가 6명 정도가 매일같이 무리를 지어 어두워질 때까지 도로에서 진을 치고 있습니다. 때로는 놀랄 듯한 큰 웃음소리나 교성이 들리기도 합니다.
항상 같은 멤버로 무리를 짓고, 길가는 사람을 체크하거나. 싫은 사람의 욕을 하거나 출처불명의 소문을 흘리거나, 도저히 교양이 있는 어른으로는 보이지 않고, 천한 표정을 짓고 있습니다만, 본인들은 의외로 즐거울지도 모릅니다.
결국, 타인을 탐색하는 것은 불안의 표현이고, 자신감과 자립심이 없는 것이라고 생각합니다. 성격적으로 문제가 있으며, 게다가 한가하기 때문에 감시를 하며 괴롭히는 것이라고 생각합니다. 인간으로서 비열하고 딱하며, 민폐 이외 아무 존재도 아닌 이웃은 질려버리죠. 만나면 인사를 하고 재빨리 벗어나세요. 어울릴 가치가 없습니다. 신경 쓰지 않는 편이 무난합니다.

(9) 그러한 말을 들으면 싫습니다고 하는 것은, 누가 누구에게 했던 말인가?
1　감시를 하고 있는 사람이 상담자에게
2　상담자가 자신을 감시하고 있는 사람에게
3　근처에 살고 있는 사람이 상담자에게
4　상담자의 아이가 감시하고 있는 사람에게

key point

밑줄 선의 정확한 의미만 알고 있어도 정답을 찾을 수 있을 것이다. 우선 상담자의 고민은, 자기 집이 이웃으로부터 감시를 당하고 있는 것에 대해서 어드바이스를 구하고 있다. 따라서 상담자가 싫은 것은 감시를 당하는 것이므로, 자기 집을 감시하는 사람에게 하는 말이라는 것을 알 수 있다.

(10) 답변자 A, B 의 어드바이스 중에서 바른 것은 어느 것인가?
1　A는 감시받는 것을 싫기 때문에 적극적으로 대처하는 편이 좋다 라고, B는 감시하고 있는 사람들의 마음을 이해해야 한다고 서술하고 있다.
2　A는 감시받는 것을 신경 쓰지 않는 편이 좋다 라고, B는 자신의 경험을 말하면서 감시하고 있는 사람에게 항의하는 편이 좋다고 서술하고 있다.
3　A는 감시하고 있는 사람들의 지금의 상태에서 보면 어쩔 수 없다 라고, B는 상담자를 감시하고 있어도 무시하는 편이 좋다고 서술하고 있다.
4　A는 감시하고 있는 사람들의 정신상태를, B는 상담자의 대처방법이 나쁘다고 서술하고 있다.

key point

답변자 A는 「まあ、どこにも出かけない〜近所付き合いをしてないので暇で仕方がないのだと思います」와 「一種の楽しみの趣味（我が家の監視）だと思います」、「あなたの60代、30代の人も孤独で寂しいので気になって仕方がないのだと思いますよ」에서 상담자의 집을 감시하고 있는 사람

들의 상태를 설명하고 있고, 답변자 B는 마지막 문장「お会いしたらあいさつしてさっさと退散してください。付き合う価値なしです。気にしない方が無難です」에서 상담자를 감시를 하고 있더라도, 그 대처방법과 감시하는 사람에 대해서 신경 쓰지 않는 편이 좋다고 조언을 하고 있으므로 보기 3번이 정답이 되는 것이다.

(11) 3   (12) 4

仲 사이 友人 친구 同士 같은 무리 ときに 때때로 冗談 농담 互い 서로 けなし合う 서로 헐뜯다 変に 이상하게 気を遣う 신경을 쓰다 関係 관계 軽い 가볍다 悪口を言う 욕을 하다 間柄 사이 親密 친밀 考える 생각하다 相手 상대방 本気 진심 軽蔑 경멸 信頼 신뢰 言い合う 서로 말하다 人付き合い 대인관계 下手だ 서툴다 カタチ 형태 入る 들어가다 失敗 실패 親しい 친하다 度が過ぎる 도가 지나치다 受け取れる 받아들이다 失礼 실례 敬遠 경원 友情 우정 培う 기르다, 키우다 過程 과정 自然に 자연스럽게 生まれる 생기다 結果 결과 ～にすぎない ~에 불과하다 自信 자신감 省略 생략 いきなり 갑자기 求める (추)구하다 良好 양호 助ける 구하다 必然的 필연적 仕事 일 傾向 경향 つまり 즉 好き嫌い 좋아하고 싫어함 ～を問わず ~을 불문하고 付き合う 교제하다, 어울리다 当然 당연 精神面 정신면 働く 작용하다 効果 효과 期待 기대 人生 인생 ポジティブ 긍정적 意識 의식 ひく 끌다 仲間 동료 集まる 모이다 あらゆる 모든 恵まれる 은혜를 입다 嫌いだ 싫다 変える 바꾸다 大変だ 힘들다 意味 의미 嫌だ 싫다 反映 반영 存在 존재 説 설 治す 고치다 性格 성격 知られる 알려지다 資質 자질 共通 공통 負 마이너스, 부정적 部分 부분 持つ 가지다

A

사이가 좋은 친구들끼리, 때때로 농담으로 서로 헐뜯는 경우가 있습니다. 어설프게 신경을 쓰는 관계보다도 가벼운 욕을 할 수 있는 관계 쪽이 보다 친밀하다고 생각하는 사람도 많겠죠. 자신이 상대방을 진심으로 경멸하고 있는 것이 아니고, 상대방도 그것을 알고 있다 라는 강한 신뢰관계가 있기 때문이야 말로, 서로 욕을 할 수 있는 것입니다.
대인관계가 서툰 사람은, 우선「사이가 좋은 친구끼리는 욕을 서로 할 수 있는 것이다」라는 형식적인 것부터 시작하려고 해서 실수를 해버립니다. 그다지 친하지 않은 친구에게 욕을 하거나, 도가 지나친 욕을 하거나 해서, 상대방으로부터는 그것이 농담이라고 받아들여지지 않아,「무례한 사람이다」라고 멀리 하게 됩니다. 긴 시간을 들여 우정을 키워왔던 과정이 있기 때문이야 말로, 농담도 자연스럽게 나오는 것입니다.「욕도 서로 할 수 있는 관계」라는 것은, 친한 것에서 생겨나는 결과에 지나지 않습니다. 그러나, 남과

잘 어울릴 자신감이 없는 사람은, 과정을 생략하고, 갑자기 결과를 추구하려고 해버립니다.

B

인간관계가 양호한 사람은, 무슨 일이 있을 때 도와주거나, 충고를 해주거나 하는 사람이 필연적으로 많기 때문에, 결과로서 일이 잘 되는 경향이 있습니다. 즉 좋아하고 싫어하는 것을 불문하고, 사람과 잘 어울리는 편이 일도 잘 되어, 당연하지만 정신면에서도 플러스가 작용하는 효과를 기대할 수 있는 것입니다. 또 일에도 인생에도, 긍정적인 의식이 있기 때문에, 그것에 끌려서 동료가 쉽게 모이게 됩니다. 인간관계가 양호한 사람은, 그렇지 않은 사람보다도 모든 면에서 복을 받는 것입니다. 그러나, 그렇다고 해서 좋아하는 것을 싫어하는 것으로 바꾸는 것은 힘든 것입니다.
싫어하는 사람이라는 것은, 어떤 의미에서「자기 자신이 싫어하는 것을 반영하고 있는 존재다」라는 설이 있습니다. 즉, 싫어하는 사람에게는, 자기 자신이 싫어서 고치고 싶다고 생각하고 있는 성격이나, 남에게 알리고 싶지 않은 싫은 자질 등, 공통되는 마이너스의 부분도 가지고 있는 사람이라고 할 수 있는 것입니다.

(11) A와 B의 문장에서 공통된 화제는 무엇인가?
1   친구관계에서 지켜야 할 것
2   자신의 성격을 고치는 방법
3   인간관계가 나쁜 사람의 특징
4   대인관계의 어려움

key point

A의 두 번째 단락「人付き合いの下手な人は、まず仲のよい友人同士は、悪口も言い合えるものだ」에서, 인간관계가 서툰 사람이 범하기 쉬운 예를 들고 있다. 그리고「悪口も言い合える関係」라고 하며, 서로가 욕을 할 수 있는 것은 친밀감에서 생겨 나는 자연스러운 현상이지 인위적으로 만든 것은 아니라고 설명하고 있으므로, 인간관계가 나쁜 사람의 특징에 대해서 언급하고 있음을 알 수 있다. B의 첫 번째 단락「人間関係が良好な人は～」을 보면, 인간관계가 좋은 사람에 대해서 언급하고 있지만 두 번째 단락「嫌いな人というのは～」에서, 인간관계에 대한 내용은 나와 있지 않지만, 단락 전체가 인간관계가 양호하지 못한 사람에 대해서 언급하고 있으므로, 정답은 3번이 된다.

(12)「대인관계」에 대해서, A필자와 B필자는 어떠한 의견을 서술하고 있는가?
1   A도 B도「인간관계의 소중함」에 대한 어려움을 서술하고 있다.
2   A도 B도「인간관계의 소중함」을 자신의 경험을 바탕으로 해서 서술하고 있다.
3   A는「대인관계」와「우정의 관계」를, B는「인간관계에서의 신뢰감」에 대해서 서술하고 있다.
4   A는「대인관계」의 과정의 소중함을, B는「양호한 인간관계」의 소중함을 서술하고 있다.

key point

A와 B는「인간관계의 소중함」에 대해서는 언급하고 있지만, 그 어려움에 대해서는 전혀 본문에서 다루고 있지 않으므로 보기1번은 정답이 될 수 없다. 그리고 두 사람 다 객관적인 사실에 바탕을 두고 말을 하고 있지, 본인의 경험에 따라서 문장을 서술하고 있는 것이 아니므로 보기2번도 정답이 될 수 없다. 그리고 A는 우정의 예를 들어, 대인관계를 설명한 것이지, 우정의 관계가 전체를 지배하는 것은 아니다. 그리고 B역시「인간관계에서의 신뢰감」에 대해서는 전혀 언급하지 않았다.

(13) 3   (14) 1

知的財産権 지적재산권　保護 보호　文化的 문화적　伸びる 늘다　可能性 가능성　著作権 저작권　例 예　要するに 요컨대　作る 만들다　作品 작품　権利 권리　発生 발생　利益 이익　作者 작가　入る 들어가다　守る 지키다　他人 타인　小説 소설　映画 영화　あるいは 혹은　実際 실제　大変だ 힘들다　苦労 고생　～ならまだしも ～라면 또 모르되　制作費 제작비　支出 지출　동사ます형+放題 마음대로(마구)~함　本当 진짜　億円 억 엔　商品 상품　出回る 나돌다　わざわざ 일부러　生み出す (새로) 내놓다　待つ 기다리다　稼ぐ 돈을 벌다　せっかく 모처럼, 애써　新しい 새롭다　特許 특허　書く 쓰다　商標 상표　読書 독서　感想文 감상문　自由 자유　使う 사용하다　勝手に 제 멋대로　場合 경우　許可 허가　必要 필요　同じ 같음　要は 요는, 결국은　独占的 독점적　歌詞 가사

A

「지적재산권이 보호되지 않으면, 문화적으로 성장하지 않을」가능성이 있습니다. 지적재산권이라는 것은, 저작권이 좋은 예인데, 요컨대「만든 사람에게 그 작품을 아무렇게나 할 수 있는 권리가 있고, 또 만든 것에서 발생한 이익도 작가에게 들어간다」라는 것입니다. 이것이 지켜지지 않으면 어떻게 될 것인가?
「타인이 만든 것을 복사하는 것은 된다」는 것이 됩니다. 소설이든 영화든, 혹은 게임이든 실제로 만든 사람은 엄청난 고생을 하고 있습니다. 소설이라면 또 모르되, 영화나 게임이라면,「제작비」라는 지출이 있고, 이것도 무시할 수 없는 것입니다. 여기서「지적재산권이 지켜지고 있다면」그 이익이 저작권자에게 들어오기 때문에 괜찮겠지만, 이것이 만일,「지적재산권이 지켜지지 않고 있다면」어떻게 될까요? 마음대로 복사해도 된다는 것이 되면, 예를 들면, 영화를 만든 사람들에게, 진짜라면 100억 엔이 들어와야만 하는데, 복사상품이 나돈 덕분으로「1억 엔밖에 들어오지 않았다」라는 경우가 발생합니다. 어떻습니까? 당신이라면, 일부러 고생해서 뭔가 작품을 새로 만들겠습니까?「누군가가 만드는 것을 기다리고 있다가 그것을 모두 복사로 돈을 버는 편이 좋다」라고 생각하지 않겠습니까?「애써 만들어도, 복사되기 때문에, 그렇다면 만들지 않는 편이 좋아」라고 생각하게 되겠죠. 그래서「지적재산권은 보호되어야만」하는 것입니다.

B

지적재산권 중에는 저작권도 있습니다. 지적재산권이라는 것은 실제로 (눈에 보이는) 물건이라고 할까, 아이디어 같은 것도 해당됩니다. 예를 들면, 뭔가 새로운 상품의 아이디어가 있으면「특허」, 스스로 뭔가 쓰거나 만든다면「저작권」이 됩니다. 그 외에도 상표라는 것도 지적재산권이 되겠죠. 저작권이라는 것은 실제의 작품을 말하는 것입니다. 예를 들면, 당신이 쓴 독서감상문이랑 리포트 등도 저작권입니다. 혹은 책도 쓴 사람에게 저작권이 있습니다. 자신의 저작물은 자유롭게 사용할 수 있습니다만, 타인의 저작물은 마음대로 사용해서는 안 됩니다. 사용하고 싶은 경우는 저작권을 가지고 있는 사람에게 허가를 받을 필요가 있죠. 지적재산권도 그것은 마찬가지입니다.

결국은, 지적재산권→저작권이나 상표, 특허 등「지적」인 재산을 독점적으로 사용할 권리, 저작권→저작물(책, 리포트, 감상문, 영화, 가사 등등)에 대해서 독점적으로 사용할 수 있는 권리가 되는 것입니다.

(13) A와 B의 문장에서 공통된 화제는 무엇인가?
1   지적재산권을 지키기 위해서 해야만 하는 것
2   지적재산권을 바르게 사용하는 방법
3   지적재산권의 의미
4   지적재산권의 오용

key point

A의 첫 번째 단락「知的財産権ってのは～」에서, B의 첫 번째 단락「知的財産権というのは～」을 보면, 지적재산권의 의미에 대해서 설명하고 있다. A는 지적재산권의 의미 외에, 그것을 지키지 않았을 경우에 생겨나는 문제점에 대해서 언급하고 있는데, 그 내용은 보기2번에 에 나와 있다. B는 지적재산권의 종류에 대해서도 언급을 하고 있지만, 보기에는 그 내용이 없다. 따라서 A와 B의 문장에서 공통으로 다루고 있는 내용은 지적재산권의 의미가 되는 것이다.

(14)「지적재산권」에 대해서, A필자와 B필자는 어떠한 의견을 서술하고 있는가?
1   A는「지적재산권」을 지켜야만 하는 이유를, B는「지적재산권」의 권리에 대해서 서술하고 있다.
2   A는「지적재산권」의 사회적인 영향에 대해서, B는「지적재산권」의 종류에 대해서 서술하고 있다.
3   A는「지적재산권」의 침해에 대해서, B는「지적재산권」의 가치에 대해서 서술하고 있다.
4   A는「지적재산권」의 경제적인 효과를, B는「지적재산권」의 저작물에 대해서 서술하고 있다.

key point

A는 문장을 시작하는 부분「知的財産権が保護されないと」에

서 지적재산권이 보호되지 않을 경우에 대해서 언급을 하였다. 이 말은 지적재산권을 지켜야 하는 이유가 되기도 한다. 그리고 본문의 내용 전체가, 지적재산권이 침해를 당했을 경우에 생기는 문제점에 대해서 언급을 하고 있으므로, 정답은 1번과 3번이 된다. B는 마지막 단락「要は、知的財産権→著作権や商標・特許など「知的」な財産を独占的に使う権利、~について独占的に使うことのできる権利ということになります」에서 지적재산권의 권리에 대해서 언급을 하였으므로 정답은 보기 1번이 되는 것이다. 그리고 B는「지적재산권」의 종류에 대해서도 설명하였지만, 보기 2번의 A부분은 본문에서 다루어진 내용이 아니므로 정답이 될 수 없다.

Part 4 (장문독해 (주장이해))

(1) 3 (2) 1 (3) 3

視力 시력　聴覚 청각　比較 비교　嗅覚 후각　重要 중요　実際 실제　におい 냄새　感知 감지　生活 생활　~において ~에서　役割を果たす 역할을 하다　동사ます형+うる ~수 있다　例えば 예를 들면　悪臭 악취　危険 위험　合図 신호　食物 음식물　腐る 썩다　空気中 공기 속　有害 유해　警告 경고　花 꽃　香り 향기　喜び 기쁨　与える 주다　気分 기분　変える 바꾸다　理論 이론　心地 기분　病気 병　治療 치료　利用 이용　役に立つ 도움이 되다　科学者 과학자　鼻 코　広範囲 광범위　わたる 걸치다　認識 인식　機械 기계　すなわち 즉　人工 인공　開発 개발　長い間 오랫동안　関心 관심　抱く 품다　研究 연구　細胞 세포　直接 직접　個々 개개　むしろ 오히려　含む 포함하다　化学 화학　物質 물질　反応 반응　脳 뇌　組み合わせ 조합　特定 특정　現在 현재　用いる 이용하다　類似 유사　方法 방법　機能 기능　設計 설계　記録 기록　別 다른　使う 사용하다　新しい 새롭다　分野 분야　동사ます형+つつある ~하는 중이다　もっとも 가장　~うち ~중　食品 식품　業界 업계　腐敗 부패　発する 발하다, 시작되다, 일어나다　利用法 이용법　医療 의료　~における ~에서의　治療法 치료법　すでに 이미　起こる 일어나다　病院 병원　調節 조절　使用 사용　同様 같음　有毒 유독　環境 환경　汚染 오염　今や 이제는　先 앞　望む 바라다　再現 재현　映画 영화　日常 일상　上機嫌 기분이 좋음　のみ 뿐, 만　助け 도움　克服 극복　しばしば 종종, 가끔　作り出す 만들어내다　本物 진짜　区別 구별　発明 발명　照合 대조하여 확인함　製作 제작　応用 응용

시력이나 청각과 비교해서, 우리들의 후각은 그다지 중요한 것처럼 생각되지 않을지도 모른다. 그러나 실제는, 냄새를 감지할 수 있는 것이, 우리들의 생활에서 매우 중요한 역할을 할 수 있는 것이다. 예를 들면, 악취는 위험의 신호가 되고, 음식이 썩는 것이나 공기 속에 유해가스가 있는 것을 우리들에게 경고한다. 이것에 대해서, 꽃의 향기와 같은 좋은 냄새는 우리들에게 기쁨을 주고, 기분을 바꿀 수가 있다. 실제로, 몇 갠가의 이론에 의하면, 기분 좋은 냄새는 병을 치료하기 위해서 이용하는 것조차 가능한 것이다. 냄새를 감지할 수있다는 것이 그 만큼 도움이 되는 것이기 때문에, 과학자들은, 인간의 코처럼 넓은 범위에 걸친 여러 가지 냄새를 인식할 수가 있는 기계, 즉 인공코를 개발하는 것에 오랫동안 관심을 품어 왔다. 연구에 의해, 우리들의 코 안의 세포가 직접 개개의 냄새를 인식하는 것은 아니라는 것을 알 수 있었다. 오히려, 코 안의 제 각각의 세포는, 개개의 냄새에 포함된 제 각각의 화학물질에 반응하는 것이다. 그리고 나서 뇌가 이 반응의 조합을, 어떤 특정한

냄새다 라고 인식한다. 현재는 연구자들이 화학물질센서를 사용하여, 이것과 유사한 방법으로 기능하는 인공코를 설계했다. 기계의 센서는 한 개의 냄새 속의 여러 가지 화학물질에 반응하고, 그리고 컴퓨터가 이 반응의 조합을 기록한다. 인공코는 그 후, 다른 기계에 그 냄새를 인식하는데, 이 컴퓨터를 사용한다.

이러한 새로운 인공코는 많은 분야에서 이미 사용되고 있는 중이다. 가장 중요한 것 중의 하나는 식품업계이다. 거기서는, 음식물이 부패했을 때에 경고를 나타내기 위해서 사용되고 있다. 또 하나의 중요한 이용법은, 의료에서의 치료법이다. 여러 가지 박테리아를 인식할 수가 있는 코가 이미 개발되어 있고, 그것들은 현재, 일어날수 있는 병을 경고하기 위해서 병원의 공기조절시스템에서 사용되고 있다. 마찬가지로, 인공코는 독이 있는 화학물질, 또는 다른 환경을 오염하는 물질을 감지하기 위해서 사용되고 있는중이다.

과학자 중에는, 지금은 더 나아가서 미래를 바라보며, 같은 기술을 인공적으로 냄새를 만드는데 사용하는 것을 원하고 있는 사람도 있다. 인공코가, 어떤 냄새 속에 인식한 화학물질의 같은 조합을 이용하는 것으로, 그 냄새를 재현할 수가 있다고 그들은 생각하고 있는 것이다. 그렇게 되면, 그러한 인공적인 냄새는 영화를 보다 실제인 것처럼 하거나, 우리들의 일상생활에 기분 좋은 냄새를 주거나 하는데 사용할 수가 있을 것이다.

(1) 몇 사람인가의 사람들이 믿고 있는, 기분좋은 냄새는 무엇인가?
1 우리들이 기분좋을 때만 인식된다는 것이다.
2 우리들의 청각을 보다 좋게하는데 도움이 될지도 모른다는 것이다.
3 병을 극복하기 위해서 사용할 수가 있다는 것이다.
4 가끔 악취로부터 만들어진다는 것이다.

key point

첫 번째 단락의 마지막 문장을 보면 정답을 알 수 있다. 본문에서는 「心地よいにおい」라고 언급하고 있는데, 질문에서는 「気持ちよいにおい」라고 다른 표현을 사용하였다. 그리고, 정답이 되는 본문의 문장을 「病気を治療するために」가 「病気を克服するために」로, 「利用することさえできるのだ」가 「使用することができるということだ」라며 같은 의미의 다른 표현을 사용한 것이다. 이처럼 독해에서 문제를 푸는 방법 중의 하나가, 보기에서 본문과 같은 의미이지만, 다른 어휘를 사용해서 표현하고 있는 것을 찾으면 된다.

(2) 어떻게 해서 인공코는 냄새를 인식하는 것인가?
1 컴퓨터 내의 데이터와 화학물질의 조합을 대조하여 확인한다.
2 개개의 냄새를 인식하는광범위에 걸친 세포를 가지고 있다.
3 그 냄새를 인간의 코의 세포와 비교한다.
4 여러 가지 냄새에 반응하는 센서를 개발한다.

key point

두 번째 단락 두 번째 문장 「研究により、私たちの鼻の中の細胞が～」에서 인간의 코가 냄새를 인식하는 시스템을 설명하고 있는데, 핵심적인 내용은 「鼻の中のそれぞれの細胞は、個々のにおいに含まれる別々の化学物質に反応するのだ」에서 설명하고 있는 것처럼, 인간의 코는 화학물질에 반응을 하여 냄새를 인식한다. 그리고 후반부의 문장 「機械のセンサーは１つのにおいの中の～」에서 인간의 코를 모방한 인공코의 시스템을 설명하고 있는데, 구체적으로 살펴보면 「人工鼻はその後、別の機械にそのにおいを認識するのに、このコンピュータを使う」에서 인공코는 컴퓨터를 사용하는 것을 알 수 있다. 따라서, 진짜 코가 반응하는 화학물질과, 인공코의 반응을 유도하도록 도와주는 컴퓨터의 데이터가 어울려서, 인공코가 냄새를 인식하는 것이다.

(3) 몇 사람인가의 과학자는, 장래 무엇을 하는 것을 바라고 있는 것인가?
1 인공과 진짜 냄새를 구별할 수가 있는 코를 발명하는 것
2 사람들이 자신들의 일상생활에서 사용하기 위한 보다 싼 기계를 제작하는 것
3 신기술을 냄새의 재생에 응용하는 것
4 영화에서 사용하기 위해서, 보다 실제적인 인공코를 개발하는 것

key point

네 번째 단락 「科学者の中には、今やさらにその先を行き、同じ技術を人工的ににおいを作るのに使うことを望んでいる物もいる」에서 과학자들이 인공적으로 냄새를 만드는 것을 바라고 있는 것과, 계속 이어지는 두 번째 문장 「人工鼻が、あるにおいの中に認識した～再現することができると彼らは考えているのだ」에서, 과학자들은 인공코가 인식한 냄새를 재현할 수가 있다는 생각을 가지고 있다는 것을 알 수 있다.

(4) 4　(5) 2　(6) 1

登山者 등산가　直面 직면　危険 위험　高山病 고산병　登る 오르다　…ば～ほど …면 ~ 수록　空気中 공기 속　酸素 산소　薄い 엷다, 희박하다　引き起こす 일으키다, 야기하다　不足 부족　吐き気 토할것 같은 기분　頭痛 두통　極端 극단　場合 경우　死 죽음　至る 이르다　可能性 가능성　～さえ ~조차　濃度 농도　低い 낮다　体毛 ~とともに ~와 함께　慣れる 익숙해지다　あまりに 너무　急速 급속　低高度 낮은 고도　高高度 높은 고도　移動 이동　豊富 풍부　治療 치료　経験 경험　持つ 가지다　場所 장소　南斜面 남쪽 경사면　運営 운영　診療所 진료소　世界 세계　もっとも 가장　設立 설립　普段 평소, 보통　国立 국립　公園 공원　山岳 산악　地帯 지대　働く 일하다　旅行 여행　際 때　思いつく 떠올리다　滞在 체류　地元民 그 지역 주민　外国人 외국인　両方 양쪽　含む 포함하다　必要 필요　出会う 만나다

豊かだ 풍부하다　大部分 대부분　認識 인식　苦しむ 괴로워하다　めったに 좀처럼　さらす 드러내다　トレッカー 산지여행자　景色 경치　呼ぶ 부르다　楽しむ 즐기다　歩く 걷다　観光客 관광객　標高 해발　原因 원인　十二分 충분함　重い 무겁다　荷物 짐　運ぶ 운반하다　指摘 지적　地域外 지역 외　簡単 간단　余分 여분　使う 사용하다　しばしば 종종　主要 주요　目的 목적　体調 컨디션　不良 불량　助ける 돕다　費用 비용　総合的 종합적　医療 의료　提供 제공　海外 해외　通常 통상　料金 요금　請求 청구　支払う 지불하다　常時 상시　暮らす 생활하다　生活 생활　改善 개선　間 사이　高まる 고조되다　人気 인기　利用 이용　期待 기대　変化 변화　難しい 어렵다　天候 날씨　非常に 매우　恐怖 공포　感情 감정　重病 중병　可能性 가능성　困難 곤란　団体 단체　個人 개인　安全 안전　増やす 늘리다　数 수　減らす 줄이다　訓練 훈련

등산가가 직면하는 위험의 하나가 고산병이다. 이것은 높게 올라가면 올라갈수록 공기 속의 산소가 희박해지는 것에 의해서 발생된다. 이러한 산소부족은, 구토와 두통 그리도 극단적인 경우, 죽음에 이를 가능성조차 있다. 공기 속의 산소농도가 낮아져도, 몸은 시간과 함께 그것에 익숙해질 수가 있지만, 너무 급속하게 낮은 고도에서 높은 고도로 이동하면 고산병에 걸리기 쉽다.

풍부한 고산병의 치료경험을 가진 장소의 하나가, 에베레스트 산의 남쪽 경사면 베이스캠프로, 자원봉사자에 의해서 운영되고 있는 진료소이다. 세계에서 가장 높은 장소에 있다고 일컬어지고 있는 이 진료소는, 르안느 · 플레어에 의해서 2003년에 설립되었다. 평소는 미국의 옐로스톤 국립공원의 산악지대에서 일하고 있는 플레어는, 1999년에 네팔로의 여행 때, 이 진료소의 아이디어를 떠올렸다. 체류 중에 그녀는 지역주민과 외국인의 양쪽을 포함하는, 고산병의 치료를 필요로 하는 많은 사람들을 만난 것이었다. 플레어에 의하면, 지금은 경험이 풍부한 등산가의 대부분이, 너무나 높은 곳까지, 너무나 급속하게 올라가는 것의 위험성을 인식하고 있기 때문에, 그들이 고산병으로 괴로워할 일은 좀처럼 없다. 보다 위험에 처해져 있는 것은 산지여행자라고 불리는, 경치를 즐기기 위해서 베이스캠프까지 걸어오는 관광객이다. 베이스캠프는 해발 5330미터에 위치하여, 고산병의 원인이 되는데 있어서 충분한 높이이다. 위험에 처해지는 또 하나의 그룹이, 산속에서 무거운 짐을 운반하는 포터로서 일하고 있는 지역주민들이라고 플레어는 지적한다. 지역주민들은 지역 외의 사람들만큼 쉽게 고산병에는 걸리지 않지만, 그들은 필요 이상의 에너지를 사용하기 때문에, 종종 그들이 생각하고 있는 것보다도 많은 산소를 필요로 하는 것이다.

플레어의 진료소에는 두 개의 주요한 목적이 있다. 하나는, 산 속에 있는 것이 원인으로 컨디션 저하로 괴로워하는 관광객을 돕는 것이다. 또 하나는, 적은 비용으로 지역주민들에게 종합적인 의료를 제공하는 것이다. 그 목적을 위해서, 진료소는 해외로부터의 관광객에게는 통상적인 요금을 청구하고, 그리고 그 돈을 지역주민의 의료비를 지불하기 위해서 사용한다. 이처럼, 상시 그 지역에서 생활하는 사람들의 생활을 개선하기 위해서, 관광객 사이에서 높아지는 에베레스트 산의 인기를 이용하는 것을, 진료소의 자원봉사자들은 기대하고 있다.

(4) 등산가가 직면하는 위험의 하나는 무엇인가?
1 급속한 온도변화에 익숙해지는 것이 어렵다.
2 공기 속의 산소농도가 날씨에 따라서 변화한다.
3 산이 매우 높기 때문에 공포나 패닉상태의 감정의 원인이 될 가능성이 있다.
4 너무 빨리 올라가면 중병에 걸릴 가능성이 있다.

key point

첫 단락의 두 번째 문장에 언급되어 있다. 첫 번째 문장 「登山者が直面する危険の１つが、高山病である」에서 등산가들이 걸리는 고산병에 대해서 언급을 하고 있는데, 그럼 여기서 고산병이 무엇인가에 대해서 설명되어 있는 문장을 살펴보면, 「高く登れば登るほど空気中の酸素が薄くなっていくということによって引き起こされる」에 나타나 있다. 즉 높은 산에 올라가면, 산소부족에 의해서 생기는 병이 고산병인 것이다. 그리고 「あまりに急速に低高度から高高度へと移動すると高山病になりやすい」에서 산에 오를 때의 스피드에 관해서도 다루고 있다. 따라서 정답은 보기 4번이 되는 것이다. 나머지 보기에 대해서는 본문에서 전혀 다루고 있지 않다.

(5) 르안느 · 플레어가 고산병에 대해서 말하고 있는 것의 하나는 무엇인가?
1 관광객이 고산병에 걸린 것을 알아차리는 것은 곤란하다고 포터는 생각하고 있다.
2 지역주민들은 자신들이 생각하고 있는 것보다도 고산병에 걸리기 쉽다.
3 단체로 온 사람들은 개인보다도 통상적으로 위험도가 높다.
4 관광객은 가끔 운반하고 있는 짐이 너무 많기 때문에 고산병에 걸리기 쉽다.

key point

우선 두 번째 단락 마지막 문장 「滞在中、彼女は地元民と外国人の両方を含む、高山病の治療を必要とする多くの人々に出会ったのだ」에서, 지역주민노 외국인도 고산병에 걸리는 것을 알 수 있다. 그리고 세 번째 단락 「彼らは余分なエネルギーを使うので、しばしば彼らが思っているよりも多くの酸素を必要とするのだ」에서 「彼ら」는 이 지역에서 짐을 운반하는 역할을 하는 「포터」를 의미하는데, 이 사람들도 필요 이상의 힘을 사용하기 때문에 많은 산소를 필요로 하고 있다. 고산병은 산소부족에 의해서 생기는 병이므로 보기 2번이 정답이 되는 것이다. 보기 1번은 포터가 한 생각이 아니며, 보기 3번에 대해서는 본문에서 다루고 있지 않다. 그리고 많은 짐을 운반하는 것은 포터이지 관광객이 아니므로 보기 4번도 정답이 될 수 없다.

(6) 베이스캠프진료소의 자원봉사자의 목적의 하나는 무엇인가?
1 관광객이 지불하는 요금을 지역사람들의 건강을 위해서 이용하는 것
2 거기까지 올라가는 것을 보다 안전하게 하는 것으로, 그 지역의 관광업을 늘리는 것
3 보다 좋은 치료를 제공하는 것에 의해서, 그 지역에서 운영되는 진료소의 수를 줄이는 것
4 종합적인 의료를 제공할 수 있도록 지역사람들을 훈련하는 것

key point

마지막 단락「少ない費用で地元の人々に総合的な医療を提供することである」에서 적은 비용으로 그 지역주민들에게 의료를 제공하는데, 적은 비용을 마련하는 방법에 대해서는「診療所は海外からの観光客には通常の料金を請求し」에서 관광객에게는 일반적인 치료비용을 받는 것을 알 수 있고, 그 비용의 사용용도는「そのお金を地元住民の医療費を支払うために使う」에 나타나 있다. 본문에서는 그 지역의 관광업에 대한 언급은 없으므로 보기 2번은 정답이 될 수 없고, 진료소의 수의 증감에 대한 내용도 없기에 보기 3번도 정답이 될 수 없다. 보기 4번 역시, 지역주민들의 훈련에 관한 내용을 다루고 있지 않으므로 정답이 아니다.

(7) 4 (8) 2 (9) 2

毎晩 매일밤 夢を見る 꿈을 꾸다 覚える 기억하다 わずか 불과 半数 반 繰り返す 반복하다 寝る 자다 数時間後 몇 시간 후 現れる 나타나다 叫ぶ 소리지르다 寝返りを打つ 잠을 자지못하고 뒤척이다 珍しい 신기하다 普通 보통 入り込む 파고들다 強烈 강렬 目を覚ます 잠을 깨다 分かる 알다 悪夢 악몽 呼ぶ 부르다 少なくとも 적어도 脳 뇌 一部 일부 覚醒 각성, 어떤 잘못이나 사실 등을 깨달아 앎 苦痛 고통 伴う 동반하다 定義 정의 感情 감정 経験 경험 目覚める 깨다 場面 장면 見知らぬ 모르는 사람 動物 동물 空想上 공상 속 追い掛ける 쫓다 攻撃 공격 報告書 보고서 不安夢 불안한 꿈 恐怖 공포 もっとも 가장 起こる 일어나다 怒り 분노 罪悪感 죄악감 欲求 욕구 不満 불만 悲しみ 슬픔 憂うつ 우울 不快 불쾌 述べる 서술하다 虐待 학대 愛する 사랑하다 死 죽음 耐える 참다 동사ます형+がたい ~하기 어렵다 事故 사고 トラウマ 정신적외상 出来事 사건 金銭上 금전상 問題 문제 もめごと 분쟁 転職 전직 引っ越し 이사 感じる 느끼다 直接 직접 関係 관계 対処 대체 悩む 고민하다 視覚的 시각적 象徴的 상징적 意味 의미 理解 이해 生活 생활 現在 현재 行為 행위 治療 치료 要する 요하다 心理的 심리적 処理 처리 警告 경고 与える 주다 手法 수법 書きとめる 써두다, 적어두다 絵 그림 描く 그리다 色 색 想像 상상 回復 회복 向かう 향하다 弱まる 약해지다 数週間 몇 주간 経つ 경과하다 変化 변화 兆し 조짐 セラピスト 세러피스트, 치료전문가 相談 상담 別に 딱히 ほっとく 내버려두다 後 나중 大変だ 엄청나다 病気 병 一度 한번 悪化 악화 治る 낫다 症状 증상 周り 주변 すなわち 즉 友達 친구 家族 가족 知らせる 알리다 助け 도움 病院 병원 就寝中 취침 중 努める 노력하다 心を乱す 마음을 어지럽히다 軽減 경감

누구라도 매일밤, 꿈을 꿉니다만, 그 중에서 꿈을 기억하고 있는 사람은 불과 반정도입니다. 나쁜 꿈을 반복해서 꾸는 사람도 있습니다. 그 꿈은 자고 나서 몇 시간 후에 나타나고, 소리지르거나 잠을 뒤척이거나 하는 것은 신기한 것은 아닙니다. 나쁜 꿈은 보통 빠져들어가고, 강렬하며 그 꿈을 꾼 사람은, 잠을 깨서 바로 자신은 꿈을 꿨다고 알 수 있습니다. 이것은 악몽이라고 불리는 것입니다. 악몽이라고 하는 것은 보통 적어도 뇌의 일부는 알고 있으며, 길고 고통을 수반하는 꿈이라고 정의됩니다. 꿈을 꾸는 사람은 그 꿈 속에서 강렬한 감정을 경험하기 때문에 악몽에서 깹니다.

악몽 중에서도 가장 자주 꿀 수 있는 장면은, 모르는 사람이나 동물, 공상 속의 무언가로부터 쫓기거나 공격받거나 하는 것입니다. 어떤 보고서에 의하면, 불안을 느끼는 꿈에서는, 공포나 불안감이 가장 자주 일어나는 감정이지만, 꿈을 꾸는 사람은 분노나 죄악감, 욕구불만이나 슬픔, 우울함이라는 다양한 불쾌한 감정을 가지는 경우도 있다고 서술되고 있습니다. 이러한 감정은, 학대나 사랑하는 사람의 죽음. 참기 어려운 사고와 같은 트라우마가 되는 사건이나, 금전상의 문제나 분쟁, 전직이나 이사 등, 깨어 있을 때에 느끼는 스트레스와 직접 관계하고 있습니다.

악몽에 대해서는 어떻게 대처할 수 있을까요? 악몽으로 고민하고 있는 사람은, 그 꿈이 가진 시각적, 상징적 의미를 이해하고, 꿈과 깨어있을 때의 생활과의 관계를 알아야만 합니다. 악몽이라고 하는 것은 현재의 행위의 패턴과 꿈을 꾸는 사람이 치료를 요하는 심리적인 문제를 잘 처리하거나, 경고를 주는 것이거나 합니다. 악몽을 치료하는 수법에는, 그 악몽을 써 두거나 그림을 그리거나 색을 입히거나, 해피엔드를 상상하거나 하는 것입니다.

악몽은 회복으로 향하면, 꾸는 횟수나 강렬함이 약해집니다. 만일 몇 주일이 지나도 아무런 변화의 조짐도 없으면, 세러피스트에게 상담하는 편이 좋겠죠. 특별히 아무런 문제도 없다고 생각하여, 그대로 내버려두면 나중에 큰 병에 걸리지도 모릅니다. 한번 악화된 병은 좀처럼 낫기 어렵기 때문에 증상이 약할 때에 치료합시다. 누구라도 악몽은 꾸는 것이기 때문에 주변사람, 즉 친구나 가족에게 알려서, 도움을 받는 것도 좋습니다. 지금 당장이라도 괜찮으니까 병원이랑 세러피스트에 갑시다.

(7) 왜 악몽을 꾸는 사람은 꿈에서 깨는 것인가?
1 누군가가 쫓아오니까
2 취침 중에 스트레스를 느끼니까
3 악몽이 되는 상징적인 의미를 이해하려고 노력하니까
4 특히 감정적이 되어, 마음을 어지럽히니까

key point

두 번째 단락 마지막 문장「夢を見る人は、その夢の中で強烈な感情を経験するので悪夢から目覚める」에서, 언급하는 꿈은, 앞의 문장을 읽어보면 악몽이라는 것을 알 수 있다. 여기서 깨어나는 것은 꿈 속에서 강렬한 감정을 경험하기 때문이라고 나와 있는데, 보기에서는「心を乱す:마음을 어지럽히다」고 나와 있다. 이처럼 정답이 되는 보기는 본문의 내용과 같지만, 다른 어휘로 표현된다는 것을 알아야 한다.

(8) 몇 갠가의 보고서의 내용은 어느 것인가?
1 악몽은 때때로 일에서 받는 스트레스를 경감한다.
2 악몽은 분노나 죄악감 등을 일으킬지도 모른다.
3 악몽은 분노나 죄악감 등을 경감할지도 모른다.
4 스트레스가 없는 사람은 결코 악몽을 꾸지 않는다.

key point

보고서의 내용은「ある報告書によると~怒りや罪悪感、欲求不満や悲しみ、憂うつといったいろいろと不快な感情を持つこともあると述べられています」이다. 본문에서는「不安夢」라고 표현한 것을 보기에서는「悪夢」,「感情を持つこともある」라고 표현한 것을 보기에서는「引き起こすかもしれない」라고 하였다. 따라서 보기 2번이 정답이 되는데, 보기 3번은 정답과 반대되는 표현이고,「ストレス」가 있는 본문의 문장을 보면,「目覚めているときに感じるストレスと直接関係しています」라고 나와 있다. 따라서 스트레스는 악몽의 원인이라고 밝히고 있으므로, 보기 1번과 4번은 정답이 될 수 없다.

(9) 본문의 내용과 맞는 것은 어느 것인가?
1 꿈 속에서 모르는 사람에게 말을 하는 것으로 스트레스가 경감된다.
2 깨어있을 때의 생활과 관계 있는 악몽을 꾸는 사람이 있다.
3 악몽의 원인은 트라우마가 되는 사건과 관계하고 있지 않다.
4 악몽을 꾸는 사람은 침대 속에서 움직일 수도 소리를 지르는 것도 불가능하다.

key point

각각의 보기를 살펴보자.
1 「悪夢の中でもっともよく見られる場面は、見知らぬ人や動物や空想上のものから追いかけられた」에서 모르는 사람에게 쫓기는 것이 악몽이라고 언급하고 있으므로 보기의 내용과 다르다.
2 「目覚めているときに感じるストレスと直接関係しています」와「悪夢に悩んでいる人は、~夢と目覚めているときの生活との関係を知るべきです」에서 악몽은 현실과 관계가 있다고 언급하고 있으므로 정답이 된다.
3 「事故のようなトラウマ(注3)となる出来事や、~目覚めているときに感じるストレスと直接関係しています」에서 트라우마는 악몽의 원인이라고 설명하고 있다.
4 「その夢は寝てから数時間後に現れ、叫んだり寝返りを打ったりすることは珍しくないです」에서 악몽을 꾸면 소리를 지르거나 몸부림을 친다고 설명하고 있다.

(10) 3 (11) 4 (12) 3

クロップ・サークル 미스터리서클, 밭이나 논의 곡물을 일정한 방향으로 눕혀서 어떠한 형태를 나타낸것 飾り 장식 型 형태 衛星 위성 周り 주변 囲む 둘러싸다 単純 단순 初期 초기 円形 원형 次第に 점차로 複雑化 복잡화 複数 복수 同時 동시 現れる 나타나다 長方形 직사각형 直線的 직선적 部分 부분 含む 포함하다 大小 대소 さまざまな 다양한 幾何学的 기하학적 配置 배치 以降 이후 顔 얼굴 エイリアン 에일리언 時空 시공 説明 설명 図形 도형 さらに 더 한층 主に 주로 小麦 밀 トウモロコシ 옥수수 畑 밭 不思議だ 불가사의하다 場合 경우 一晩 하룻밤 作る 만들다 大麦畑 보리밭 オート麦畑 귀리밭 芝生 잔디 雪 눈 ~でさえ ~조차 発生 발생 作物 작물 折れる 꺾이다 損傷 손상 曲げる 구부리다 模様 모양 緩やかだ 완만하다, 느슨하다 力 힘 押し倒す 밀어넘기다 生き続ける 계속 살다 自然 자연 引き起こす 일으키다 ナゾ 수수께끼 最近 최근 現象 현상 さかのぼる 거슬러 올라가다 地元 지역 新聞 신문 言及 언급 記事 기사 頻繁 빈번 出現 출현 ~年代 ~년대 初め 첫 中国 중국 その他 그 외 収穫期 수확기 変化 변화 起こる 일어나다 角度 각도 らせん形 나선형 半球 반구 ~からなる ~으로 구성된 形態 형태 形成 형성 仮説 가설 いまだに 여태껏 起源 기원 誰もが 누구라도 同意 동의 説 설 イタズラ 장난 異星人 외계인 光線 광선 幽霊 유령 超自然 초자연 いたる 이르다 本当に 정말로 奇妙 기묘 科学的 과학적 老人 노인 ~組 ~조 最初 최초 製作者 제작자 名乗りを上げる 자기이름을 밝히고 나서다 簡単 간단 道具 도구 人力 인력 立派だ 훌륭하다 比較的 비교적 短時間 단시간 実演 실연, 실제로 보여줌 実証 실증 見なす 간주하다 関連づける 관련을 짓다 適切 적절 暗号 암호 高度 고도 知的 지적 生命体 생명체 信じる 믿다 窃盗 절도 常習犯 상습범 警察 경찰 逮捕 체포 高校生 고등학생 自白 자백 判明 판명 調査 조사 現場 현장 荒らす 망치다, 휩쓸다, 황폐하게 하다 一部 일부 全て 전부 釈明 해명 報道 보도 ~における ~에서의 ほとんど 거의 治まる 가라앉다. 조용해지다 飛び乗る 뛰어타다 次元 차원 現実 현실 超える 넘다 美しさ 아름다움 驚く 놀라다 感動 감동 以来 이래 決める 정하다 時期 시기 情報 정보 交信 교신 論理 논리 兆候 징후

크롭서클이라고 하는것은, 장식이 없는 서클, 반지모양의 서클, 작은 서클이 위성처럼 주변을 둘러싼 서클이라고 하는 단순한 디자인이다. 초기에는 단순한 원형으로, 점차로 복잡화되어, 많은 수가 동시에 나타나는 것, 직사각형 등 직선적인 부분을 포함하는 것, 크고 작은 다양한 서클이 기하학적으로 배치되어 나타나는 것 등이 나타났다. 2000년 이후는, 사람의 얼굴이나 글레이라고 불리는 에일리언의 얼굴, 시공의 설명이라고 일컬어지는 도형 등, 더한층 복잡화되고 있다. 서클은 주로 밀밭이나 옥수수밭에, 불가사의하게도 대부분의 경우 하룻밤 만에 만들어지지만, 보리밭이랑 귀리밭, 잔디나 눈 위에서조차 발생하고 있다. 그 작물은 꺾이거나, 손상은 되어 있지 않지만, 구부러지면서 복잡한 모양을 만들 수가 있는 느슨한 힘에 의해서 밀려쓰러져 있는 것 같은데, 대부분은 그대로 계속 산다.

이러한 자연이 일으키는 수수께끼는, 최근의 현상은 아닌 것 같다. 1678년으로 거슬러 올라가면, 영국 지역신문에, 크롭서클을 언급한 기사가 있다. 서클이 빈번하게 출현하게 되었던 것은, 1970년대 초가 되고 나서이다. 미국이랑 일본이랑 러시아, 캐나다, 중국, 호주랑, 그 외 많은 장소에서 수확기 전의 작물밭에 자주 출현한다. 1990년에 큰 변화가 일어나, 서클은 직선이나 각도를 가진 것, 나선형의 반지, 반구형 등으로구성된 복잡한 모양이 되었다. 이러한 모양의 형성에는 여러 가지 설이 있다. 그러나 그것은 여태껏 수수께끼로 남아있다. 현재, 그 기원에 대해서는 누구라도 동의하는 설은 없다. 장난이라는 것부터 외계인이나, 광선, 또 유령과 같은 초자연현상에 이르는 설까지 있다. 정말로 기묘한 형태의 서클은 장난에 의한 것으로, 더욱 단순한 형태의 서클은, 과학적으로 설명이 된다고 말하는 과학자도 있다. 1991년, 영국의 덕・파워와 데이브쵸리 두 명의 노인 2인조가 크롭서클의 최초의 제작자로서 이름을 밝히고 나서면서, 간단한 도구와 인력으로 훌륭한 크롭서클이 비교적 단시간에 만들 수 있는 것을 실연해 보였다. 이 실증에 의해, 현재는 크롭서클은 인간에 의한 장난이라고 간주되게 되었다. UFO와 관련짓는 사람은, 우리들이 적절한 도구나 암호를 가지고 있지 않기 때문에 아직 커뮤니케이션을 할 수 없는, 보다 고도의 지적 생명체에 의해서 만들어진 것이라고 많은 경우 믿고 있다.

1991년 10월, 후쿠오카현에서 절도 상습범으로서 경찰에 체포된 고등학생 12명의 그룹이 사사구리마을의 크롭서클을 만든 것이 자신들이라고 자백을 하여 장난으로 판명. 경찰은 「조사까지의 1주일동안 현장이 어질러져 있었다」「일부가 장난이었더라도 모든 것이 그것으로 판명할 수 있다고는 생각하지 않는다」라고 하는 해명의 코멘트를 냈지만, 이 보도 이후, 일본에서의 크롭서클 발생 보고는 거의 없어져 붐은 진정되었다.

자동차에 올라타서 서클이 있는 장소에 가서, 그 안에 실제로 서 보자. 대부분의 사람은 3차원의 현실을 초월하는 아름다움에 놀라고 감동할 것이다.

(10) 크롭서클은 어떻게 변화하고 있는가?
1 1678년 이래 크롭서클의 형태와 모양은 전혀 바뀌지 않았다.
2 크롭서클은 항상 정해진 장소나 시기에 나타나고 있다.
3 복잡한 디자인의 크롭서클은 1990년에 출현하기 시작했다.
4 크롭서클이 만들어졌던 장소의 작물은 전부 없어져 버렸다.

key point

각각의 보기를 살펴보자.
1 본문에서 1678年이 나와 있는 문장을 살펴보면, 「1678年にさかのぼると、地元イングランドの新聞に、クロップ・サークルに言及した記事がある」에서 1678년에는 영국의 신문에 크롭서클에 대한 기사가 나왔다는 것이지, 크롭서클의 형태와 모양에 대한 언급은 되어 있지 않다.
2 「大麦畑やオート麦畑、芝生や、雪の上でさえ発生している」에서 크롭서클은 다양한 장소에서 나타나고 있다는 것을 알 수 있다.
3 본문에서 1990年이 나와 있는 문장을 살펴보면, 「1990年に大きな変化が起こり、サークルは直線や角度を持ったもの、らせん形のリング、半球形などからなる複雑は模様になった」에서 다양한 형태의 크롭서클이 나타난 것을 알 수 있으므로 정답이 된다.
4 「その作物は、折られたり、損傷はしていないもの」에서 크롭서클이 만들어지더라도 작물의 성장에는 문제는 없으며, 작물이 사라지는 경우도 없었다.

(11) 본문에 나와 있는 과학자에 대해서 바른 것은 어느 것인가?
1 영국의 옥수수밭에 인공적인 크롭서클을 만드는 과학자도 있다.
2 UFO같은 것을 타고, 크롭서클에 대해서 정보를 받는 과학자도 있다.
3 빈번하게 고도의 지적생명체와 교신을 하고 있는 과학자도 있다.
4 단순한 크롭서클은 어떻게 형성되는가 논리를 세워서 설명하는 과학자도 있다.

key point

각각의 보기를 살펴보자.
1 「イギリスのダグ・バウワとデイブーチョーリーの老人2人組がミクロップ・サークルの最初の製作者として名乗りを上げ」에서 영국의 크롭서클은 노인 두 사람이 만든 것이지 과학자가 만든 것은 아니다.
2 「UFOと関連づける人は、～私より高度な知的生命体によって作られたものだと多くの場合信じている」에서 크롭서클이 UFO와 관련이 있다는 설에 대해서만 언급하고 있으나, 과학자가 UFO와 비슷한 것을 탔다는 내용은 언급되어 있지 않다.
3 「より高度な知的生命体によって作られたものだと多くの場合信じている」에서 지적생명체가 크롭서클을 만든 것이 아닌가 라는 추측에 대해서만 언급하고 있으므로, 과학자가 지적생명체와 교신을 하고 있다는 것은 정답이 될 수 없

다.
4 「もっと単純な形のサークルは科学的に説明のつくものだと言う科学者もいる」에서 크롭서클의 형태를 과학적으로 설명한 과학자가 있었음을 알 수 있다.

(12) 다음의 기술 중, 바르지 않은 것은 어느 것인가?
1 UFO가 크롭서클과 관계되어 있다고 믿는 사람이 있다.
2 크롭서클은 작물이 수확되기 전에 자주 나타난다.
3 크롭서클은 전부가 출현하는 2~3일 전에 징후가 있다.
4 일본에서 만들어진 크롭서클은 고등학생의 장난에 의한 것이다.

key point

각각의 보기를 살펴보자.
1 「UFOと関連づける人は~まだコミュニケーションをとれていない」에서 크롭서클을 UFO와 관련짓는 사람이 있다는 것을 알 수 있다.
2 「アメリカや日本やロシア~その他多くの場所で収穫期前の作物畑によく出現する」에서 크롭서클이 만들어지는 때를 알 수 있다.
3 본문의 「その他多くの場所で収穫期前の作物畑によく出現する」에서 만들어지는 시기에 대한 언급은 있어도 그 징후에 대해서는 다루고 있지 않다.
4 「警察に逮捕された高校生12人のグループが、~自分たちだと自白し、イタズラと判明」에서 일본의 크롭서클은 고등학생들이 장난을 친 것임을 알 수 있다.

(13) 1 (14) 1 (15) 3

最近 최근 とくに 특히 若者 젊은이 間 사이 ベジタリアンダイエット 채식다이어트 人気 인기 動物肉 동물고기 魚肉 생선살 得る 얻다 栄養 영양 摂取 섭취 別 다른 方法 방법 見つける 발견하다 必要 필요 菜食 채식 主義者 주의자 呼ぶ 부르다 行う 행하다 理由 이유 種類 종류 もっとも 가장 知られる 알려지다 目 째 ハチミツ 벌꿀 タマゴ 달걀 乳製品 유제품 その他 그 외 含む 포함하다 食品 식품 まったく 전혀 典型的 전형적 最後 마지막 加える 더하다 鶏肉 닭고기 完全 완전 一歩 한걸음 採用 채용 ~において ~에서 ベジタ=ベジタブル 야채 勘違い 착각 時に 때로 のみ 만, 뿐 동사ます形+がち ~하기 쉬움 実際 실제 植物性 식물성 さらには 더 나아가서는 複合 복합 存在 존재 ただし 단지 共通 공통 中心 중심 構築 구축 結果 결과 脂肪 지방 減る 줄다 食物繊維 식물섬유 増える 증가하다 法 법 紹介 소개 健康 건강 認識 인식 必ずしも 반드시 真実 진실 ヘルシー 건강함, 건전함 カギ 열쇠 多様性 다양성 除外 제외 代わりに 대신에 以上 이상 穀物 곡물 全般 전반

木の実 나무열매 種子 종자, 씨앗 果物 과일 体調 컨디션 維持 유지 不可欠 불가결 供給 공급 生き物 생물 憐れみ 연민 世界 세계 地球 지구 規模 규모 飢饉 기근 減らす 줄이다 個人 개인 増進 증진 積極的 적극적 動き 움직임 幸福 행복 環境 환경 世紀 세기 重要 중요 数 수 表れる 나타나다 有効 유효

최근 미국에서는, 특히 10대 젊은이 사이에서 채식다이어트가 인기가 있다. 동물고기나 생선살을 먹지 않기로 하면, 거기서 얻었던 영양을 섭취하기 위해서 다른 방법을 찾을 필요가 있다. 그들은 채식주의자라고 불린다.

채식다이어트를 행하는 이유가 하나가 아닌 것처럼, 행해야만 하는 채식다이어트의 종류도 하나는 아니다. 여기서 가장 알려져 있는 채식주의가 3개 있다. 첫 번째는, 벌꿀이나 달걀, 유제품, 그 외 동물에서 만든 제품을 포함한 동물식품을 전혀 먹지 않는 것이다. 두 번째는 전형적인 채식으로, 달걀과 유제품은 먹지만, 동물고기는 먹지 않는 것이다. 마지막은 달걀과 유제품에 더해, 닭고기와 생선살을 먹는 것이다. 이 식사는, 완전한 채식주의로 향한 한 걸음으로써 채용된다.

일본에서는, 베지태어리언의 「베지태」가 「베지타블(야채)」의 그것과 착각을 하여, 특히 「야채만을 먹는 사람」이라고 생각되기 쉬운 채식주의자. 실제로는, 동물성식품과 달걀을 먹는 오보·채식주의자, 식물성식품과 유제품을 먹는 랙토·채식주의자, 식물성식품과 생선을 먹는 피시·채식주의자, 더 나아가서는 그것들을 복합시킨 다양한 채식주의자가 존재하고 있다. 단지 어떤 채식주의자에게도 공통되는 것은, 식물성식품을 중심으로 식생활을 구축하고 있는 것으로, 그 결과, 동물성지방의 섭취가 줄고, 식물섬유의 섭취가 증가하기 때문에, 다이어트법의 하나로서도 소개된다.

채식을 하면, 건강해진다고 인식되고 있다. 그러나 반드시 진실이라고는 말할 수 없는 건강한 채식을 아는 열쇠는, 그 다양성에 있다. 식사에서 동물고기와 유제품을 제외해도, 대신에 감자칩이나 샐러드, 디저트만 먹는다면, 지금 이상으로 건강해질 리는 없을 것이다. 건강에 좋고, 다양한 채식이라고 하는 것은 채소랑 곡물식품 전반, 나무열매, 종자랑 과일이다. 다양한 채식은 컨디션을 유지하고, 건강에 불가결한 영양을 모두 공급한다.

채식주의라고 하는 것은, 다른 생물에 대해서 더욱 연민을 가지는 세계가 되고, 지구 규모의 기근을 줄이며, 개인의 건강을 증진하는 적극적인 움직임인 것이다. 동물의 행복과 환경문제는 21세기 사람들에게는 매우 중요하며, 이러한 채식주의자가 되는 사람의 수가 많은 것에 나타나고 있다.

(13) 전형적인 채식다이어트는 어느 것인가?
1 달걀과 유제품을 먹을 수 있다.
2 생선살이나 치즈, 요구르트를 먹을 수가 없다.
3 닭고기를 먹을 수 있다.
4 채소 이외는 먹을 수 없다.

key point

전형적인채 식다이어트에 대해서 언급한 문장을 보면, 「2つ目は典型的なベジタリアン食で、タマゴと乳製品は食べるが、動物肉は食べないものだ」에서, 달걀과 유제품은 먹지만. 동물고기는 전혀 먹지 않으므로, 보기 2번의 「チーズやゴーグルとを食べることができない:치즈는 먹을 수 있다」, 보기 3번 「鶏肉を食べることができる:닭고기는 동물고기이다」, 보기 4번 「野菜以外は食べられない:유제품도 먹는다」에서 각각의 보기가 어떤 부분이 틀린 것인지 알 수 있다. 따라서 보기 1번이 정답이 된다.

(14) 일본에서의 채식주의자라고 하는 것은 일반적으로 어떤 사람인가?
1 채소만 먹는 사람이고, 동물성식품은 전혀 먹지 않는 사람
2 주로 식물성식품을 취하는 사람으로, 다이어트법의 하나로 하고 있는 사람
3 항상 고기종류와 달걀, 유제품 이외는 전부 먹고 있는 사람
4 모든 음식물은 먹을 수 있지만, 소고기와 돼지고기만은 먹지 않는 사람

key point

두 번째 단락의 첫 부분 '日本においては、ベジタリアンの「ベジタ」が「ベジタブル」のそれと勘違いされ、時に「野菜のみを食べる人」と思われがちなベジタリアン'을 보면, 일본인들은 「ベジタ」를 영어의 「ベジタブル(vegetable:채소)」라고 착각을 하여, 채소만을 먹는 사람을 채식주의자라고 여기고 있다. 따라서 정답은 보기 1번이 되는 것이다.

(15) 필자가 말하고 있는 것 중, 바른 것은 어느 것인가?
1 채식주의자는 영양을 취하는 방법과 영양식의 종류를 모른다.
2 동물식이라고 하는 것은 달걀이나 벌꿀 등은 전혀 포함되지 않는다.
3 다양한 종류의 채식은 건강해지는 가장 유효한 방법이다.
4 채식주의자의 수는 10대 젊은이 사이에서 최근 줄어들고 있다.

key point

각각의 보기를 살펴보자.
1 보기 1번은 본문에서 전혀 언급이 없고, 영양식의 종류에 대한 것은 본문에 그 단어 자체가 없다.
2 「その他動物からつくる製品を含む動物食品をまったく食べないものだ」에서 동물식이라는 것은, 동물에서 만들어진 음식을 나타내므로, 달걀이나 벌꿀은 동물식에 해당된다.
3 「多様なベジタリアン食は体調を維持し、健康に不可欠な栄養をすべて供給する」에서 보기 3번이 정답이 되는 것을 알 수 있다.
4 「最近アメリカでは、とくに10代の若者の間でベジタリアンダイエットに人気がある」에서 10대에 대한 언급이 있는데 미국의 10대 중에 채식주의다이어트가 인기가 있다는 것을 언급하고 있으므로 보기 4번은 정답이 될 수 없다.

Part 5 (정보검색)

(1) 2 (2) 2

県営 현 운영　住宅 주택　入居者 입주자　定期 정기　募集 모집　お知らせ 알림　家賃 집세　以下 이하　部屋 방　住む 살다　車 자동차　駐車場 주차장　使用料 사용료　以上 이상　払う 지불하다　夫婦 부부　かまわない 상관없다　シルバー住宅 실버주택, 노인주택　なるべく 가능한 한　リビングルーム 거실　団地 단지　情報 정보　平成 평성　所在地 소재지　構造 구조　住居 주거　建設 건설　年度 연도　戸数 호수　備考 비고　~階建 ~층 건물　単身 단신　可能 가　不可 불가　備考欄 비고란　特定 특정　目的 목적　別に 특별히　資格 자격　要件 요건　必要 필요

문제 14 오른쪽 페이지는「현 운영 주택입주자 정기모집의 알림」이다. 아래의 질문에 대답으로서 가장 적합한 것을 1·2·3·4 에서 한 개 선택하시오.

(1) 마츠오카(32세)는 집세 3만 엔 이하의 방에서 혼자서 살고 싶어 한다. 자동차는 있지만, 주차장의 사용료로서 천 엔 이상은 지불하고 싶지 않다. 들어갈 수 있는 방은 몇 개있는가?
1 두 개
2 세 개
3 네 개
4 다섯 개

key point

각각의 조건에 맞는 방을 한 개씩 찾아보자.
1. 3만 엔 이하
コボテ(S49)・三ツ木(S57)・三ツ木(S60)・イロハ(S63)・ハイツ(H11)・平城(S51)・サクラ(S49)・サクラ(S58)
2. 혼자서 살고 싶음
コボテ(S49)・三ツ木(S57)・ハイツ(H11)・サクラ(S58)
3. 주차장 천 엔 이하
コボテ(S49)・三ツ木(S57)・ハイツ(H11)
이다. 따라서 마츠오카 씨의 조건에 맞는 방은 세 개다.

(2) 스기모토씨(75세)부부는 집세는 얼마도 상관없지만, 실버주택에 들어가고 싶어 한다. 가능한 한 거실이 있는 방이 좋다고 생각하고 있는데, 들어갈 수 있는 단지는 어디인가?
1 미쯔기
2 이로리
3 하이츠
4 사쿠라

key point

우선, DK라고 하는 것은「dining + kitchen」으로 부엌을 겸한 식당을 의미하며, 여기에「L」이 붙어 LDK가 되면, 부엌을 겸한 식당에 거실이 있는 것을 의미한다. 그리고, 여기에 붙는 숫자는 방의 개수를 의미한다. 그럼, 보기에 있는 각각의 방이 스기모토 씨의 조건에 맞는지 살펴보자.

1. 미쯔기
H16과 S60이 실버주택이지만, 제각각「3DK」이므로 거실이 없다.
2. 이로리
실버주택이며「3LDK」이므로 조건에 맞다.
3. 하이츠 :
H10이 실버주택이지만, 제각각「3DK」이므로 거실이 없다.
4. 사쿠라
S49가 실버주택이지만,「3DK」이므로 거실이 없다. S58은「3LDK」이지만, 실버주택이 아니다.

현 운영주택입주자 정기모집의 알림

모집정보
평성24년9월1일 입주분

소재지	단지명	구조	주거 타입	건설 연도	집세 (엔/월)	주차장 사용료 (엔/월)	모집 호수	비고
죠난구	코보테	5층	3K	S49	18,300엔	870엔	1	단신입주 가능
	미쯔기	10층	3DK	H16	33,600엔	880엔	1	실버주택
		10층	3DK	S57	23,300엔	없음	2	단신입주 가능
		10층	3DK	S60	25,100엔	없음	1	실버주택
	이로하	6층	2LDK	S63	28,000엔	1,170엔	1	단신입주 불가
		6층	3DK	H1	30,400엔	1,040엔	2	단신입주 가능
	긴자	3층	2LDK	S46	34,600엔	1,040엔	1	단신입주 가능
	이로리	8층	3LDK	H7	31,100엔	1,230엔	1	실버주택
규오구	하이츠	4층	2DK	H11	23,500엔	960엔	1	단신입주 가능
		4층	3DK	H10	39,900엔	960엔	1	실버주택
	평성	4층	3K	S51	19,400엔	900엔	2	단신입주 불가
	사쿠라	3층	3DK	S49	25,900엔	830엔	2	실버주택
		3층	3LDK	S58	26,200엔	1030엔	1	단신입주 가능

※ 비고란에 실버주택, 단신입주가능이 되는 주택은 특정목적 주택으로 특별히 자격요건이 필요합니다.

(3) 4 (4) 3

住民課 주민과　お知らせ 알림　外国人 외국인　登録 등록
国籍届 국적신고서　住む 거주하다　就職 취직　就職先 취직처　社長 사장　韓国人 한국인　結婚 결혼　国際 국제
男性 남성　奥さん 아내　帰国 귀국　女性 여성　子供 아이
生む 낳다　留学生 유학생　中国人 중국인　場合 경우　夫婦 부부　間 사이　生まれる 태어나다　同士 끼리, 무리　未満 미만　以上 이상　基本 기본　台帳 대장　戸籍 호적　制度 제도　代わる 대신하다　種類 종류　期限 기한　備考 비고　新規 신규　入国 입국　上陸 상륙　日 날　以内 이내　出生 출생　旅券 여권　のみ 뿐, 만　証明書 증명서　写真 사진　縦 세로　横 가로　不要 불필요　印かん 인감　居住地 거주지　変更 변경　生じる 생기다　国民 국민　健康 건강　保険証 보험증　加入者 가입자　町内 마을 내　転居 전입　必ず 반드시　本人 본인　申請 신청　同居 같이 거주함　家族 가족　再交付 재교부　引替 교환　確認 확인　以外 이외　婚姻 혼인　死亡 사망　等 등　なお 그리고　世帯員 세대원　持参 지참　一部 일부　改正 개정　父母 부모　両系 양쪽계열　血統主義 혈통주의　採用 채용　結果 결과　いずれか 어느 것인가　対象者 대상자　問合先 문의처　福祉 복지

문제 14 오른쪽 페이지는「주민과로부터의 알림」으로, 외국인등록에 대한 안내이다. 아래의 질문에 대답으로서 가장 적합한 것을 1·2·3·4에서 한 개 선택하시오.

(3) 국적신고서가 필요한 것은 다음 누구인가?
1　일본에 거주하는 미국인이 취직할 때의 그 취직처의 사장
2　일본에 거주하는 일본인이 한국인과 결혼할 때의 그 일본인
3　국제결혼한 일본남성의 부인이 귀국할 때의 그 부인
4　일본에서 일본의 여성과 국제결혼한 유학생 중국인

key point

안내문에서 국적신고서가 필요한 부분을 보면,「また、出生、婚姻、死亡等のときは国籍の届も必要です」이다. 즉, 외국인등록을 한 외국인 중에서, 출생, 혼인, 사망 등일 때는 필요하다고 언급하고 있다. 따라서 보기 중, 여기에 해당되는 사람은 보기 4번뿐이다.

(4) 외국인등록을 하지 않아도 되는 경우는 어느 것인가?
1　미국에서 일본인과 국제결혼한 부부사이에서 태어난 16세 이상인 아이
2　일본에서 미국인끼리 결혼한 부부사이에서 태어난 16세 이상인 아이
3　일본에서 일본인과 국제결혼한 부부사이에서 태어난 16세 미만인 아이
4　일본에서 미국인끼리 결혼한 부부사이에서 태어난 16세 미만인 아이

key point

외국인등록이 필요없는 경우는「父または母のいずれかが日本国民であれば、その子は日本国民となりますので、新規登録の対象者でなくなります」에 나와 있다. 보기에는 아이의 나이가 나와 있지만, 정답은 나이와는 관계없고, 남녀를 불문하고, 일본인이 국제결혼을 했을 경우, 그 사이에서 태어난 아이는 일본국민이 되기 때문에, 외국인등록이 필요없게 된다. 보기 1번은 미국에서 아이가 태어난 경우이므로, 해당되지 않고, 보기 2번과 보기 4번은 장소는 일본이지만, 미국인끼리의 결혼이기 때문에 정답이 될 수 없다.

주민과로부터의 알림
◇ 외국인등록 ◇

[２０１０년４월１５일]

외국인은, 주민기본대장이랑 호적제도를 대신하는 것으로서 외국인등록제도가 있습니다.

외국인등록			
종류	기한	필요한 것	비고
신규등록	입국하셨을 때는 상륙날부터 90일 이내에, 출생 때는 60일 이내	● 여권 (입국 때) ● 출생증명서 (출생 때) ● 사진 2매 (세로4.5cm× 가로3.5cm로 16세 미만은 불필요) ● 인감 (있는 사람만)	●16세 이상인 사람은 반드시 본인이 신청해 주세요. ●16세 미만인 사람은, 같이 사는 가족도 신청할 수 있습니다.
거주지의 변경	변경이 생긴 날부터 14일 이내	●등록증명서 ●인감 (있는사람만) ●국민건강보험증 (가입자로 마을 내로 이사할 때)	

※ 이 외에 재교부, 교환교부, 확인신청, 거주지 이 외의 변경신청이 있습니다. 또, 출생, 혼인, 사망 등일 때는국적신고서도 필요합니다. 그리고, 국민건강보험가입자로 세대원에 변경이 있을 때는, 반드시 보험증을 지참해 주세요.
※ 국적법의 일부 개정에 의해 부모 양쪽계열 혈통주의가 채용되어, 그 결과, 아버지 또는 어머니 어느 쪽인가가 일본국민이라면, 그 자식은 일본국민이 되기 때문에, 신규등록의 대상자가 되지 않습니다.

문의처　건강복지부 주민과
전화: (주민계) 092-634-1004　(국민보험연금담당) 092-634-1005
팩스: 092-634-1006

E-mail: zyumin@town.hukuoka-minami.lg.jp

(5) 2　(6) 3

駅レンタカー 역렌터카　利用 이용　当日 당일　電話 전화
予約 예약　接続 접속　場合 경우　きっぷ 표　有効 유효
期間 기간　過ぎる 지나다　大型 대형　超える 넘다　新幹
線 신칸센　自由席 자유석　呈示 제시　旅 여행　楽しい 즐
겁다　べんり 편리　おとく 이득이됨　情報 정보　自由自在
자유자재　~名様 ~분　限定 한정　指定席 지정석　往復券
왕복권　主な 주된　旅行 여행　会社 회사　購入 구입　事
前 사전　前日 전날　営業所 영업소　提出 제출　かえり券
돌아가는 표　台数 대수　限り 한정　車両 차량　場合 경우
価格 가격　各駅 각 역　除く 제외하다　料金 요금　申し込
み 신청　直接 직접　問い合わせる 문의하다　払い戻し 환
불　手数料 수수료　開始 개시　返却 반납　時間内 시간 내
限る 한정하다　現地 현지　支払う 지불하다　車種 차종
お値段 가격　消費税込み 소비세포함　免責 책임을 면함, 면
책　補償料 보상료　費用 비용　別途 별도　通常 통상　超
過 초과　詳しくは 상세한 것은　期間中 기간 중　対象外 대
상 외　回収 회수　乗車 승차　人数分 인원수만큼　提出 제
출

문제 14 오른쪽 페이지는「역 렌터카」의 이용에 대한 안내이다. 아래의 질문에 대답으로서 가장 적합한 것을 1·2·3·4에서 한 개 선택하시오.

(5) 야마모토 씨는 8월 6일에 역 렌터카를 이용하고 싶다고 생각하고 있다. 어떻게 하면 되는가?
1　당일, 0120(54)2489에 전화해서 예약한다.
2　8월 3일에 www.ekilen.com에 접속해서 예약한다.
3　8월 5일에 코쿠라 역에 가서 예약한다.
4　8월 5일에 하카다 역 홈페이지에서 예약한다.

key point

각각의 보기를 살펴보자.
1　「電話：0120(54)2489(09:00~18:00)(ご利用日の前日まで)」에서 전화로의 예약은 이용일의 전날까지만 가능하다.
2　「インターネット：www.ekilen.com(ご利用日の3日前まで)」에서 이용일의 3일 전까지 가능하므로 정답이 된다.
3　「小倉・博多駅は除く」「小倉駅・博多駅はレンタカーご利用キャンペーン対象外です」에서 코쿠라 역과 하카다 역에서는 이용할 수 없다.
4　「小倉・博多駅は除く」「小倉駅・博多駅はレンタカーご利用キャンペーン対象外です」에서 코쿠라 역과 하카다 역에서는 이용할 수 없다.

(6) 역 렌터카를 이용할 수 있는 경우는 다음의 어느 것인가?
1　표의 유효기간이 지나고 나서의 한 번의 이용
2　역 렌터카 서일본예약센터에서 대형차의 이용
3　24시간을 넘은 이용
4　신칸센의 자유석표를 제시하고 나서의 이용

key point

각각의 보기를 살펴보자.
1　「きっぷの有効期間中1回のみとなります」에서 표의 유효기간이 경과되면 사용할 수 없다.
2　「ご利用いただける車種はSクラス（1000~1300cc）に限ります」에서 대형차의 이용은 불가능하다는 것을 알 수 있다.
3　「24時間を超えてご利用になる場合は、通常の超過料金が必要となります」에서 역 렌터카를 이용할 경우, 24시간을 넘어도 추가비용만 지불하면 이용할 수 있으므로 정답이 된다.
4　「新幹線指定席往復きっぷを駅・主な旅行会社で購入」에서 신칸센의 지정석 왕복표가 아니면 이용할 수 없다.

신칸센 여행을 즐겁게하는, 편리&이득이 되는 정보

≪가고 싶은 곳을 자유자재로≫

2분 이상의 그룹 한정 역 렌터카 이용 캠페인
역 렌터카 24시간 2,000엔

① 신칸센 지정석 왕복표를 [사전예약이 필요합니다.]
역·주된 여행회사에서 구입 역 렌터카를 예약(12월28일~1월6일은 이용할 수 없습니다.)
or + 역 렌터카서 일본예약센터
② 전화로도 간단예약 전화：0120(54)2489(09:00~18:00)
0120(54)2489 (이용일의 전날까지)
인터넷：www.ekilen..com(이용일의 3일 전까지)
↓
역 렌터카 영업소에서 「역 렌터카 이용권」의 제출과 「귀가표」이 제시가 필요합니다.
↓
2,000엔으로 렌터카를 입수!
↓
렌터카를 이용해서 자유로운 여행으로 GO!

렌터카의 대수에 한정이 있으니 예약할 수 있는 차량이 없는 경우도 있습니다.
●「신칸센 지정석왕복표」2분 이상의 이용에 한해 이득이 되는 가격으로 역 렌터카를 이용할 수 있습니다. (신칸센 신오사카~

신시모노세키 역의 역 렌터카영업소-코쿠라・하카다 역은 제외함)
●사전의 예약이 필요합니다. ※대수에는 한정이 있으니 예약할 수 있는 차량이 없는 경우도 있습니다.
※이용일 당일의 신청은, 직접 역 렌터카영업소로 문의해 주세요.
※렌터카를 예약할 수 없는 경우라도「신칸센 지정석왕복표」의 환불에는 수수료가 필요합니다.
※렌터카의 이용개시・반납은 역 렌터카영업소의 영업시간 내로 한정합니다.
●요금은 현지에서의 지불입니다.
●이용하실 수 있는 차량은S클래스（1000～1300cc）로 한정합니다.
●가격 : 1대 2,000엔（24시간, 소비세포함）
※면책보상료랑 그 외의 옵션 비용은 별도로 필요합니다.
※24시간을 넘어서 이용하는 경우는, 통상적인 초과요금이 필요합니다.
［상세한 것은 역 렌터카 서일본예약센터로 문의해 주세요.］
●역 렌터카 이용캠페인은, 표의 유효기간 중 1번만 가능합니다.
●코쿠라 역・하카다 역은 렌터카 이용캠페인대상 외입니다.
※「역 렌터카 이용권」은 회수합니다.
※승차인원 수만큼의「역 렌터카 이용권」의 제출・「귀가표」의 제시가 없는 경우는 캠페인 가격으로 이용하실 수 없습니다.

(7) 1   (8) 2

主要 주요 展示会 전시회 登山 등산 釣 낚시 興味 흥미 息子 아들 自動車 자동차 持つ 가지다 全部 전부 選ぶ 선택하다 フェア 페어 以外 이외 無料 무료 行う 행하다 国際 국제 宝飾 보석이나 귀금속 등을 배합한 장식 主な 주된 内容 내용 色石 색이 있는 정원석 真珠 진주 ゴールド 금 シルバー 은 時計 시계 素材 소재 半製品 반제품 加工 가공 機械 기계 関する 관하다 あらゆる 모든 会期 회기 場所 장소 入場料 입장료 主催 주최 株 주식회사 エレクトロニクス 일렉트로닉스, 전자공학 製造 제조 装置 장치 部品 부품 材料 재료 一堂に 한자리에 出展 출전 専門 전문 次世代 차세대 照明 조명 有機 유기 デバイス 장치 開発 개발 器具 기구 設計 설계 世界中 세계 모든 곳 協会 협회 かわる 바뀌다 ひろがる 넓어지다 かがやく 빛나다 地球 지구 開催 개최 最大級 최대급 グルメ 식도락, 식당가 各種 각종 盛りだくさん 풍부함, 다채로움 有料 유료 実行 실행 委員会 위원회 食品 식품 関連 관련 酒類 주류 飲料 음료 その他 그 외 商品 상품 店舗 점포 設備 설비 機器 기기 環境 환경 衛生 위생 管理 관리 社 사단법인 用品 용품 全般 전반 書籍 서적 練習場 연습장 旅館 여관 宿泊業 숙박업 居酒屋 선술집 向ける 적합하다 業務用 업무용

無踊 무용 客室 객실 備品 비품 能率 능률 活用 활용 変革 변혁 提案 제안 国内外 국내외 集う 모이다 総合 종합 企業 기업 見本市 견본시장 作品 작품 コンペティション 경쟁, 경기

문제 14 오른쪽페이지는「2013주요전시회 캘린더」의 안내이다. 아래의 질문에 대답으로서 가장 적합한 것을 1・2・3・4에서 한 개 선택하시오.

(7) 키요하라 씨는 등산이나 낚시 등에 흥미가 있다. 또 아들은 자동차에 흥미를 가지고 있다. 이 두 사람은 어떤 전시회에 가면 되는가? 전부 선택하시오.
1 오사카모터쇼・오사카아웃도어페스티벌2013
2 오사카모터쇼・제팬골프전시회 2013・오사카아웃도어페스티벌2013
3 국제호텔・레스토랑쇼・오사카모터쇼・오사카아웃도어페스티벌2013
4 인터네프콘 제팬・국제호텔・레스토랑쇼・오사카모터쇼

key point

각각의 보기에 있는 전시회의 내용을 살펴보자.
1 오사카모터쇼 :「자동차가 바뀐다, 넓어지는 세계, 빛나는 지구를 테마로 개최하는 ~」에서 자동차와 관련된 전시회
2 오사카아웃도어페스티벌2013 :「캠핑카, 해양, 카누, 오토바이, 아웃도어 관련상품 ~」에서 레저와 관련된 전시회
3 제팬골프전시회 2013 :「주된 전시내용은 골프용품전반, 골프웨어, 골프관련서적 ~」에서 골프와 관련된 전시회
4 국제호텔・레스토랑쇼 :「주된 전시내용은, 호텔・여관 등의 숙박업, 레스토랑・카페・선술집 등의 ~」에서 호텔이나 레스토랑과 관련된 전시회
5 인터네프콘 제팬 :「주된 전시내용은, 일렉트로닉스제조에 관한 모든 장치, 기술, 부품」에서 골프와 관련된 전시회 전자제품에 관한 전시회

따라서 문제에 적합한 전시회는 1번이 정답이 된다.

(8) 도쿄 이외의 장소에서 무료로 행하는 전시회는 몇 개 있는가?
1 한 개
2 두 개
3 세 개
4 네 개

key point

도쿄 이외의 장소에서 행하는 전시회는
1. 第25回国際宝飾展 2013 2. 第3回次世代照明技術展 3. 第7回大阪モーターショー 4. 第46回スーパーマーケット・トレードショー 5. 第24回ジャパンゴルフフェア2013 6. 第20回大阪アウトドアフェスティバル2013 7. 東

京国際アニメフェア2013으로 총 7개이다. 이 중, 무료로 행하는 전시회는, 2. 第3回次世代照明技術展와 5. 第24回ジャパンゴルフフェア2013 두 개이다.

2013주요전시회 캘린더

제25회 국제 장식 보석전 2013 주된 전시 내용은, 다이아몬드, 정원석, 진주, 금, 은 등의 장식시계에서 소재・반제품・가공기계까지 장식보석에 관한 모든 제품입니다.	회기 1월11일 ~ 14일 장소 후쿠오카돔(후쿠오카) 입장료 500엔 주최 리드익스비전제팬(주)
제47회 인터네프콘 제팬 주된 전시 내용은, 일렉트로닉스제조에 관한 모든 장치, 기술, 부품, 재료가 한자리에 출전하는 전문기술전시회입니다.	회기 1월15일 ~ 20일 장소 도쿄빅사이트(도쿄) 입장료 700엔 주최 리드 익스비전제팬(주)
제3회 차세대 조명 기술전 LED・유기 EL장치의 개발・제조기술, 조명기구의 설계・제조기술, 차세대 조명이 세계 모든 곳에서 한자리에 출전합니다.	회기 3월18일 ~ 20일 장소 후쿠오카돔(후쿠오카) 입장료 무료 주최 (사)일본쇼핑센터협회
제7회 오사카모터쇼 「자동차가 바뀐다, 넓어지는 세계, 빛나는 지구」를 테마로 개최하는 서일본 최대급의 모터이벤트・식당가와 각종 이벤트도 다채롭습니다.	회기 2월20일 ~ 23일 장소 인덱스오사카(오사카) 입장료 유료 주최 오사카모터쇼실행위원회
제46회 슈퍼마켓쇼 주된 전시 내용은, 식품 관련 주류・음료 관련, 그 외의 상품관련, 점포 설비・기기 관련, 정보・서비스 관련, 환경・위생관리 관련입니다.	회기 5월1일 ~ 3일 장소 마쿠하리멧세(치바) 입장료 유료 주최 (사)신일본슈퍼마켓협회
제24회 제팬골프전시회 2013 주된 전시 내용은, 골프 용품 전반, 골프웨어, 골프 관련 서저, 골프 연습장 설비기기 외 입니다.	회기 6월17일 ~ 19일 장소 나가사키중앙관장(나가사키) 입장료 무료 주최 (사)일본골프용품협회
제35회 국제 호텔・레스토랑쇼 주된 전시 내용은, 호텔・여관 등의 숙박업, 레스토랑・카페・선술집 등의 음식업에 적합한 업무용 설비, 객실 비품, 스파입니다.	회기 9월21일 ~ 24일 장소 도쿄빅사이트(도쿄) 입장료 유료 주최 (사)일본능률협회
스마트폰&태블릿 2013봄 스마트폰, 태블릿/슬레이트 PC를 활용한, 비즈니스 솔루션을 변혁하는 하드웨어부터 서비스까지를, 전시와 세미나로 제안합니다.	회기 6월28일 ~ 29일 장소 도쿄국제포럼(도쿄) 입장료 800엔 주최 닛케이BP사
제20회 오사카아웃도어페스티벌 2013 캠핑카, 해양, 카누, 오토바이, 아웃도어 관련 상품, 국내외의 정보 등이 모인 아웃도어레저의 종합 전시회입니다.	회기 3월10일 ~ 11일 장소 인덱스오사카(오사카) 입장료 500엔 주최 오사카아웃도어페스티벌 실행위원회
도쿄국제애니메이션전시회 2013 애니메이션 관련 기업에 의한 견본 시장, 애니메이션 관련이벤트, 애니메이션 작품의 경쟁을 행합니다.	회기 3월23일 ~ 25일 장소 마쿠하리멧세(치바) 입장료 유료 주최 도쿄국제애니메이션페어 실행위원회

(9) 4 (10) 3

温泉 온천 特徴 특징 一覧 일람 望む 바라보다 立地 입지 昼 낮 絶景 절경 夜 밤 満天 온하늘 星空 별하늘 楽しむ 즐기다 源泉 원천, 물이 나오는 원래의 장소 天然 천연 かけ流し 원천의 물만을 사용하고, 사용이 끝난 물은 그대로 버리는 것 露天風呂 노천탕 好評 호평 牛ステーキ 소고기 스테이크 地元 지역 野菜 채소 ふんだんに 많이, 넉넉히 使用 사용 料理 요리 お客様 손님 評価 평가 常宿 단골여관 全 전부 室 실 おこもり旅館 각각의 방이 개인실로 나뉘어져 있는 여관 県境 현과 현의 경계 位置 위치 秘湯 사람에게 알려지지 않은 온천 ふさわしい 어울리다 水上 수상 小屋 오두막집 清流 맑은 물 雄大 웅대 優しい 좋다 樹々 나무들 囲む 둘러싸다 軒 채 客室 객실 広大 광대 敷地 부지 種類 종류 貸切 대절 無料 무료 入浴 입욕 可能 가능 ぜいたく 사치스러움, 화려함 気分 기분 ひたる 몸을 담그다 全て 모든 嬉しい 기쁘다 弱 약 微妙 미묘 異なる 다르다 感触 감촉 泉質 온천물의 수질 上々 매우 좋음 お肌 피부 スベスベ 매끈매끈 美肌 아름다운 피부 効果 효과 夕食 저녁밥 旬 제철 山の

幸 산나물이나 열매　川の幸 생선이나 고동　用いる 이용하다
創作 창작　料理 요리　個室 개인실　食事処 식사하는 곳
ゆっくり 천천히　ゆったり 느긋하게　のんびり 한가롭게
過ごす 보내다　利用 이용　湯量 분출량　豊富 풍부　満喫
만끽　名づける 이름을 짓다　お風呂 목욕탕　大浴場 대중
목욕탕　岩 바위　男女 남녀　入替 교체, 교차　真心 진심
こめる 담다　おもてなし 접대, 대접　自慢 자랑　居心地
(그곳에서의) 지내기　良さ 장점　快適性 쾌적성　第一 제일
考える 생각하다　素材 소재　盛り込む (여러가지 것을) 담
다　ひととき 한때　中心街 중심가　外湯 온천, 여관 등에서
숙박용의 건물과는 별도로 마련한 목욕탕　めぐり 순회　最適
최적　リピーター 재이용 손님　増 증가　美しい 아름답다
眼前 눈 앞　望む 바라보다　極上 최상　直輸入 직수입　家
具 가구　並ぶ 진열되다　開放的 개방적　英国 영국　貴族
귀족　重厚 중후　城 성　連想 연상　優雅 우아　棟 동　～
からなる ~으로 구성되다　春 봄　自家 자가　宿泊者 숙박
자　一回 한번　無料 무료　完備 완비　和洋室 일본식・서
양식 방　広め 조금 넓음　エッセンシャルオイル 식물에서
추출한 향기좋은 기름　香り 향기　心地 기분　アロマセラ
ピー 아로마테라피, 방향(향기) 요법　各 각　用意 준비　女
性 여성　この上ない 더할 나위 없는　滞在 체류　お手伝い
도움　食材 식재료　洋風 서양풍　黒毛 검은 털　和牛 와규,
일본소　煮込み 푹 끓인 (삶은) 요리　お好み 취향　選択 선
택　観光 관광　名勝 명승지　西 서쪽　河原 강가의 모래밭
中間 중간　お買い物 쇼핑　散策 산책　便利 편리　使用 사
용　朝夕 아침저녁　召し上がる「食べる-먹다・飲む-마시
다」의 존경어　小宴会場 소연회장　身 몸　心 마음　くつろ
ぐ 편히쉬다, 휴식하다

문제 14 오른쪽 페이지는 온천의 특징을 설명한「온천의 일람」이
다. 아래의 질문에 대답으로서 가장 적합한 것을 1・2・3・4에
서 한 개 선택하시오.

(9) 개인실의 설명이 있는 온천은 어느것인가?
1　류세쯔와 쿠사쯔온천호텔리조트
2　류도와 나스
3　류도와 호텔미유끼
4　류세쯔와 류도

key point

개인실의 설명이 되어 있는 곳은,「個室のお食事処でゆっくり
とどうぞ」에서「竜洞」라는 온천이라는 것을 알 수 있다. 그리고
「りゅう雪」의「おこもり旅館」라는 단어의 의미를 알아야 하는
데, 각각의 방이 개인실로 나뉘어져 있어, 제 각각의 손님은 그 개
인실 안에서 자신들의 그룹만 즐길 수 있는 타입의 여관을 의미한
다. 따라서 정답은 보기 4번이 되는 것이다.

(10) 제철 식재료와 소고기를 동시에 먹을 수 있는 온천은 어디
인가?
1　류도
2　쿠사쯔호텔리조트
3　나스
4　류세쯔

key point

먼저, 제철 식재료를 사용하는 온천은,「夕食は旬の山の幸と
川の幸を用いた創作料理」에서「竜洞」,「旬の素材を盛り込
んだ料理で」에서「草津温泉ホテルリゾート」,「夕食は旬の
食材で洋風コース料理」에서「那須」이다. 이 중, 소고기를 먹
을 수 있는 곳은,「メインディッシュの那須黒毛和牛はロー
ストビーフ」에서「那須」이다.「りゅう雪」는「赤城牛ステー
キや地元野菜をふんだんに使用した料理は」에서 소고기는
먹을 수 있지만, 제철 식재료에 대한 언급이 없으므로 정답이 될
수 없다.

온천의 일람

류세쯔

■아카야 호수를 바라보는 입지이기 때문에, 낮에는 절경의 호수
를, 밤에는 온 하늘에 떠 있는 별을 즐길 수 있다.■원천100% 천
연온천을 재사용 없이 흘려보내는 노천탕「삼국」이 호평.■아카
기 소고기 스테이크랑 지역산 야채를 듬뿍 사용한 요리는, 손님으
로부터의 평가가 높다.■사루가쿄 온천에서 단골로 묵고 싶은 전
20실의 개인실 여관.

류도

■니이가타와의 현 경계에 위치하는, 알려지지 않은 온천으로 불
리는데 걸맞는 수상온천의 오두막 온천. 류도는 맑은 물과 웅대하
고 멋있는 나무들에게 둘러싸인 한 채의 숙박지.■전 20실의 객
실에 대해서, 광대한 부지 안에 17종류의 대절할 수 있는 노천탕
이 있고, 무료로 24시간 입욕 가능한 것이 특징. 노천탕은 큰 것
은 20명 가까이 입욕할 수 있는 것도 있어서 매우 호화스러운 마
음으로 몸을 담글 수 있다. 모든 노천탕이 물을 재사용하지 않는
것도 기분좋은 일이다. 천연온천 100%의 원천은 2종류의 약 알
칼리이기 때문에, 제각각 미묘하게 다른 탕의 감촉을 즐길 수 있
다. 온천의 수질은 매우 좋으며, 입욕 후는 피부가 매끈매끈하게
되는 아름다운 피부 효과도.■저녁식사는 제철음식의 산나물이나
열매, 생선이나 고동을 사용한 창작요리. 개인실의 식사로 느긋하
게 즐기세요.■느긋하고 차분하게 둘이서 보내고 싶을 때에 꼭 이
용하고 싶다.

쿠사쯔온천 호텔리조트

■분출량이 풍부한 원천 100%이고, 재사용없는 온천물을 만끽
할 수 있다.「행운탕」「복탕」이라고 이름이 지어진 두 개의 목욕탕
에는, 제 각각 큼직한 대욕탕과 바위로 구성된 노천탕이 있고, 남

탕 여탕을 교체시키며(때에 따라 바꾸면서)모든 것을 즐길 수 있다. 진심을 담은 접대도 자랑하는 하나이다. 머무는데 편안함·쾌적성을 제일로 생각한 객실이나, 제철 소재를 듬뿍 담은 요리로 한 때를 보낸다. 또 온천중심가와 가깝기 때문에, 주변 온천순례에도 최적, 단골로 머물고 싶은 숙박지로서 재이용객이 증가.

나스
■아름다운 골프장을 눈 앞에서 바라보는 나스의 최상의 리조트 호텔. 발리섬 직수입의 가구가 진열된 개방적인 오리엔탈관과, 영국귀족의 중후한 성을 연상시키는 우아한 유럽인관의 두 동으로 구성되어 있고, 2008년 봄에는 자가원천이 재사용없이 흐르는 5종류의 대절노천탕(숙박객 한 번 무료)을 완비. 오리엔탈관의 객실은 트윈타입과 더블타입 베드의 양실과 일본실, 유럽인관의 객실을 전부 넓은 트윈룸. 또 식물에서 추출한 향기좋은 기름의 부드러운 향기가 기분좋은 방향요법도 각 코스에 준비해 두어, 여성에게는 더할 나위 없이 화려하게 숙박하도록 도와준다. 저녁밥은 제철 식재료로서 양식코스요리. 메인 저녁요리의 나스 검은 털 소 로스비프 또는 레드와인으로 절인 것부터 각각의 취향에 맞추어 선택할수 있습니다.

호텔미유끼
■쿠사쯔관광 명승지. 유바타케(지명)와 서쪽의 강가의 모래밭의 중간에 위치하여, 쇼핑이랑 산책에 편리. 원천 100% 재사용없는 숙박지의 원천은 자가원천과 서쪽의 강가의 모래밭 원천을 사용. 풍부한 분출량의 목욕은 물론, 무료로 넓은 대절노천탕도 호평! 식사는 아침저녁 다 방에서 드실 수 있습니다(10분 이상은 소연회장에서 합니다). 몸도 마음도 편안하게 쉬어주세요.

MEMO

MEMO

상상 N2 독해

초판인쇄_ 2018년 11월 11일
초판발행_ 2019년 1월 2일
저자_ 이장우
펴낸이_ 이장우
펴낸곳_ 도서출판 예빈우
등록일자_ 2014년 1월 17일
등록번호_ 제 398 - 2014 - 000001호
주소_ 경기도 구리시동구릉로129번길24, 103동 801호 (인창동 성원아파트)
전화_ 070-8621-0070   팩스_(051) 558 - 2238
홈페이지_ www.leejangwoo.com (이장우닷컴)
이메일_ jpt900@hanmail.net

ISBN 979-11-86337-10-3 / 세트 979-11-86337-00-4 (14730)

Copyright © 2018 이장우
* 이 교재의 내용을 사전 허가없이 전재하거나 복제할 경우 법적인 제재를 받게 됨을 알려 드립니다.
* 잘못된 책은 구입하신 서점이나 본사에서 교환해 드립니다.
* 정가는 표지에 표시되어 있습니다.